中青年经济与管理学者文库

江西省教育厅科学技术研究项目"智力资产与企业创新能力动态演化研究"(项目编号:GJJ161079)最终研究成果

智力资产与企业创新能力动态演化研究

王秋红 著

中国财经出版传媒集团
中国财政经济出版社

图书在版编目（CIP）数据

智力资产与企业创新能力动态演化研究 / 王秋红著. —北京：中国财政经济出版社，2018.12
（中青年经济与管理学者文库）
ISBN 978-7-5095-8766-9

Ⅰ.①智… Ⅱ.①王… Ⅲ.①知识资产－作用－企业创新－研究 Ⅳ.①F273.1

中国版本图书馆 CIP 数据核字（2018）第 302101 号

责任编辑：樊清玉　　　　　　责任校对：胡永立
封面设计：智点创意

中国财政经济出版社出版
URL：http://www.cfeph.cn
E-mail：cfeph@cfemg.cn
（版权所有　翻印必究）
社址：北京市海淀区阜成路甲28号　邮政编码：100142
营销中心电话：010-88191537
北京财经印刷厂印刷　各地新华书店经销
880×1230 毫米　32 开　5.625 印张　122 000 字
2018 年 12 月第 1 版　2018 年 12 月北京第 1 次印刷
定价：30.00 元
ISBN 978-7-5095-8766-9
（图书出现印装问题，本社负责调换）
本社质量投诉电话：010-88190744
打击盗版举报热线：010-88191661　QQ：2242791300

策划人语

题记：一个人的精神成长史，取决于他的阅读史。只有阅读能最有效地培养精神生活习惯，而好的习惯又培养性格，性格决定人生。

——我们自豪，因为我们就是创造这精神产品的人。

选择了飞翔，总能看到蓝天；选择了远航，总能感受大海。人生不仅要作出选择，也要坚持住自己的选择。学会计、当编辑是我的意外选择。人说编辑是为人做嫁衣，可是这一选择我坚持了27年，苦在其中，乐在其中，也算是有声有色。每当我把一本本好书呈献给人们的时候，我觉得我是"富贵"的人：富，不是你身上的钱财，而是你心里的满足；贵，不是你地位的显赫，而是你被人需要的程度。

书海探寻，情怀永恒

我要说，做编辑我幸运，因为我不仅是第一个读者，可以对作品"品头论足"，也可以对作品"生杀予夺"；更重要的是，这是一个很高层次的平台，在多年与名家的交往和名著的"对话"中，深深地为他们的人格和才学所感动，被作品的精彩所吸引，这不仅使我"下笔如有神"，更使我的思想和灵魂也受到一次次洗礼和震撼，得到一次次升华。对于我的作者我的书，如数家珍，作者中不乏才学和为人同样过人的多位泰斗和"颜值高责任大"的众多才子佳人；策划的作品不仅立足专业还兼顾人文，也是情怀所在，专业加人文路才会更宽。

多年的体会是，作为一名编辑，起码要"三心二意"，即"责任心、细心、耐心"和"服务意识、创新意识"。要多策划一些有分量的拳头产品，用一个选题推动一个系统工程，用一个系统工程培养一个出版社品牌。给新入职编辑讲座时我做过一个比喻：编辑两项基本功，审稿——甚至要比博导审批学生论文还要全面、细致；选题策划——要像电影导演一样做"星探"，善于发现优秀作者和挖掘好的原创作品。记不得27年来我策划和编辑了多少书，组织和策划了一大批教材、业务培训用书、通俗读物、理论专著等，有的获得过国家、省部级各类奖项，有的以其填补空白、社会热点、风格新颖、开拓尝试等特点受到读者的欢迎。20世纪90年代我开始自主策划选题，多年来每年都有新丛书问世。比如，21世纪初内部控制研究在国内刚兴起时，策划了《现代内部控制丛书》，其中《企业内部控制管理操作手册》是我鼓励作者将自己饱含心血的经过长期钻研和实践并证明卓有成效的成果奉献付梓，使得更多的人能受益于此，这无疑是对我国内部控制理论探索和实践发展的一种贡献，内部控制选题至今还是热点。2013年的《来去无尘——一位财政部长的生前事》所展现的吴波精神，与深入推进党风廉政建设相得益彰，得到中央领导同志的高度重视和重要批示。中央各大主流媒体纷纷连续报道，掀起了全社会学习吴波高尚情操的热潮。2014年至今的前沿选题《财务云丛书》等也越来越受到业界认可。

想是问题，做是答案

众所周知，目前的图书出版业在行业竞争和纸质图书受到严重冲击的情况下，出版人无不感到莫大的危机。在这种背景下，策划一套专业图书是颇感困惑的一件事，风险更大。但即使这样我们也不能因噎废食、停滞不前，还要积极应对，继续发挥纸质图书的固有特质，挖掘出版内容和形式都精彩的原创作品，适应新形势下读者的更高需求。2017年，我们接受新的挑战，开启新的征程，又策划《中青年经济与管理学者文库》《当代税收名家丛书》《中国税务律师系列丛书》《现代管理实务丛书》《高等院校应用型会计人才精细化培养系列教材》等，继续为扶持学术研究和总结最新成果，在高端研究与专业知识普及和应用之间搭建一座座有益的桥梁。

每一个时代的经济环境不同，理论研究和实务探索所需要解决的问题也有所差别。当前我国不仅处于经济结构调整和供给侧改革的攻坚期，同时也处于大数据和互联网突飞猛进的变革期，矛盾叠加，风险交汇，市场环境和组织模式不断演变发展、推陈出新，经济、管理、财税等领域的新理论、新思想、新方法、新工具也层出不穷。乱花渐欲迷人眼，击水三千浪几何？这些领域的研究人员被时代赋予了更艰巨的责任，也面临着更高、更多元的要求，我们不仅要具备更广阔的学术视野，而且要有更严谨的学术思维。

输在犹豫，赢在行动

《中青年经济与管理学者文库》的作者，都是我国经济与管理领域的中坚力量,也是未来的大家。他们中有些人潜心从事理论研究,有些人则深耕在实务一线,但无论现实身份如何,视野全都没有被拘泥在"象牙塔"内。他们从不同视角对市场经济的不同要素进行细致审视,然后汇聚于"财经版"这面旗帜之下,相互碰撞,彼此激荡,力求在市场经济转型升级的关键时期留下最新鲜的"中国印记"。

这些经济与管理领域的中青年学者,就是我国市场经济发展的潜力与优势,他们的研究成果,不仅将引领市场经济的各个组成环节向更科学、更先进的方向发展,而且将成为我国政府和企业在未来经济世界扮演更重要角色的支点与动力。祝愿这些中青年学者能攀上更高的学术之山,走向更远的研究之路,也期待宏观、中观、微观各个层面的市场参与者都能从这套文库中得到切实的启发与指引,在全面深化改革、增强发展活力的关键时期,发挥正能量和积极作用,为经济社会发展增添新的动力!

如果您认可,如果您有意愿,欢迎您和您的朋友加盟我们的作者队伍!在中国财经出版传媒集团的"旗舰"下,中国财政经济出版社这"老字号",一定励精图治,谱写新的篇章。我们用"龙的精神,玉的品质"来助力您实现梦想!

策划人:樊清玉
邮箱:qingyuf@sina.com
2017 年春

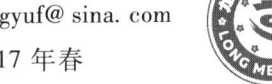

摘 要

21世纪是智力资产推动价值增长的时代，智力资产是一个组织最有价值的资产。随着"互联网+"的迅速发展及劳动力价格优势的消失，智力资产逐渐成为新时代企业参与国际市场竞争的重要武器，在实施产业转型升级，扩大有效供给，解决现实中的资源配置问题上具有明显的优势。十九大报告中指出，要实现智力资产化，增强企业的技术创新能力及提升全要素生产率。由此可见，智力资产是未来经济增长的动力，是企业可持续发展的战略力量。麦肯锡调查资料显示，西方智力密集型轻资产企业比例从1999年的17%增加到2016年的31%，数字化制造企业收益率比固定资产密集型企业高5—8倍，数字化、智能化成为时代发展特征。因此，加强企业智力资产投资，实施智力资产驱动创新战略，成为新经济发展的潮流。然而，在经济发展过程中，大多数区域或者企业仅仅注重研发费用的投入，没有厘清智力资产与技术创新之间的作用机理，导致创新绩效及创新能力仍然未达到预期。数据显示，在2017年全球产业创新100强中，中国仅有五个企业入围，前十名中无中国企业，与入围企业数量较多的国家相比，中国仍有很长的路要走。众所周知，创新的基础是智力资产的积累与利用，是企业保持竞争力的稀缺性资源。虽然已有研究表明，智力资产对企业技术创新具有显著的正向作用，但是仍缺乏考虑外部动态环境下智力资产与企业技术创新的演化机理推演及实证检验依据。

基于此，本书在回顾已有智力资产与技术创新相关研究成果的基础上，交叉融合管理学、经济学、心理学、统计学等各学科知识，综合运用规范与实证相结合的研究方法，运用利益相关者理论、动态能力理论及协同演化理论探寻智力资产与技术创新之间的动态演化机理，并运用相关数据对动态演化机理进行了实证检验。具体研究内容由以下部分组成：

第一，对智力资产及企业技术创新的相关文献进行系统梳理，约定了智力资产概念、界定了智力资产的构成维度，发现了已有研究的孤立性、单薄性及静态性，为深入研究智力资产与技术创新奠定了基础。

第二，对智力资产的理论基础进行系统梳理，构建了智力资产逻辑理论体系。资源基础理论阐明了智力资产的内涵；利益相关者理论全面论述了智力资产的结构基础；动态能力理论阐释了智力资产的效用基础；协同演化理论探寻了智力资产与技术创新动态演化的逻辑理论基础。

资源基础理论认为企业是可控资源的集合体，特殊的异质性资源是企业竞争优势的来源，不完全模仿性是企业持续竞争优势的保证，恰当的组织模式可以帮助企业充分利用其资源与能力最大限度地实现竞争优势。智力资产作为企业重要无形资产之一，属于企业可控的重要异质性资源，由于其形成具有因果模糊性及社会复杂性，致使其具有不完全模仿性。

利益相关者理论认为智力资产结构涉及企业各个利益相关

者，如人力资产涉及管理层与员工能力的技能水平，结构资产则是对内部流程的梳理，大家共同努力为企业带来经济利益，关系资产涉及政府、供应商与销售商等社会关系。利益相关者理论强调企业是利益相关者的契约集合，目标是就是价值最大化。智力资产实现目标即要通过其各构成维度所涉及的利益相关者，如提高人员素质、技术水平，加强内部流程的顺畅，建立良好的内外部关系，共同实现技术创新，形成企业的可持续竞争优势。

动态能力理论认为，当外部环境处于动态变化时，智力资产效用能够得到最大限度的激发与利用，促进企业内部资源整合与创新，催生出新的技术与产品，提高组织流程效率，改善公共关系，获取更多利益相关者的支持，促进新的智力资产增量的产生，并使得智力资产的价值创造效应更具适应性与诉求性，进而提升企业在市场的中话语权。

协同演化理论是企业智力资产效用机理发挥的基础，认为智力资产包括人力资产、结构资产及关系资产，这三者内部之间也具有协同效应，只有三者相互融合与促进，才能促进智力资产中知识的有效传递与吸收，从而优化智力资产。如通过招聘高层次人才，提升人力资产；同时，由于高层次人才具有先进的管理经验与能力，能够促进组织结构的优化，提升效率；也向外界传递了企业正处于良好发展势头的信息，优化关系资本，三种资产通过协同效应进而整体提升智力资产。随着市场化竞争的加剧，仅仅依靠某个企业自己去实现某些战略目标将非常困难，企业间的智力资产合作将成为一种新的互惠共赢模式。智力资产本身具有的协同性将有助于相关知识与信息的转移，从而形成企业外部智力资产协同演化效应，推动个体智力资产的优化。

第三，理论推演智力资产与技术创新作用机理。主要从生态系统论入手，运用动态能力和协同演化理论，详细阐述了智力资产与技术创新的作用机理。首先，界定了现代企业的生态系统结构。企业是内部具有分工协作的团队，通过劳动交换而生产商品或者提供劳务的契约经济组织。该组织是伴随着外部环境而发展变化的，每种企业存在形式都具有其环境特征与现实适应性，在特定外部环境下，企业组织形态的创新与选择都是为了形成企业稳定的生态系统，促进企业核心竞争力的实现。目前的企业生态系统是具有内外部结合及各子系统分工协作的，随着外部环境不断变化的以智力资产系统为核心的生态系统。其次，详细阐释了技术创新理论及其经济后果。在市场环境动态变化中，企业生态系统更高级别的循环上升和可持续竞争力的保持，将越来越依靠企业创新。技术创新思想不是在某一阶段一蹴而就的，而是随着外部环境的变化不断发展的，从马克思《资本论》的技术创新思想、西方产业组织的技术创新思想，到中国特色技术创新思想，都是企业寻求核心竞争力的重要表现。虽然技术创新的动因不同，但技术创新是创新模式的核心，能够驱动经济增长，提高生产效率，节约劳动成本，降低产品生产成本，提高产品附加值，提升企业核心竞争力，实现企业的可持续发展，是目前统一的认知。企业生态系统的各利益相关者也逐步意识到技术创新的优势，都想通过技术创新增加企业价值、品牌价值及实现产业结构升级。最后，建立了协同动态演化模型和运用动态能力理论来分析智力资产与企业技术创新的动态演化作用机理。

第四，实证检验了外部动态环境下智力资产与企业技术创新的作用机理。选取2011—2017年沪、深两市交易的A股上市公司为初始研究样本，剔除了不符合条件的样本后，得到符合条件的2022个样本观测值。以智力资产为自变量指标，技术创新为因变量衡量指标，环境不确定为外部动态环境的替代指标来验证外部动态环境下智力资产与技术创新的作用机理。实证研究结果发现:(1)智力资产及其各子系统维度均与企业技术创新具有显著的正相关关系,表明企业智力资产系统能够对企业实施自主技术创新发挥显著的积极作用。(2)进一步按照行业特征分组研究发现:虽然各行业智力资产都对技术创新具有显著的促进作用,但是在制造业中企业规模的大小和营业收入增长率都对技术创新有非常显著的正向促进作用,而在非制造业中,技术创新主要依赖与企业所拥有的智力资产,与企业规模与营业收入增长率关系不显著。(3)加入外部动态环境调节变量,研究结果发现,外部动态环境对智力资产与技术创新具有显著的负向削弱作用,即外部动态环境不确定性越高,对智力资产与技术创新的抑制作用越显著。(4)进一步研究了外部动态环境对智力资产及其子系统各维度的影响作用,研究结果发现,外部环境动态不确定性对企业整体智力资产有显著的促进作用,但是对其各子系统的作用具有异质性,其中对人力资产的正向影响并不显著,对结构资产具有显著的负向作用,对关系资产具有显著的正向作用,即外部动态环境能够促使企业建立更加完善可靠的关系资产。(5)系统检验了智力资产、技术创新与企业绩效的关系,研究验证了技术创新在智力资产与技术创新过程中具有显著的部分中介效应。

本书的主要创新之处体现在以下方面:

第一,以往多是集中探讨静态智力资产与技术创新的作用机理,而考虑外部动态环境不确定性的研究相对较少。本书将利益相关者理论、动态能力理论与协同进化理论与智力资产及其子系统、技术创新进行有效的串联,运用管理学、经济学及统计学等学科知识,重点从理论上分析了智力资产与技术创新的作用机理。

第二,已有文献多研究智力资产、技术创新及企业绩效三者中任意两者的影响作用或者作用机理，对于外部动态环境不确定性对智力资产和技术创新分别会产生何种作用的研究比较欠缺，本书从理论上阐述了外部动态不确定环境分别对智力资产及其子系统各维度的影响，并系统推演出技术创新对智力资产与企业绩效的中介效用。

第三，在理论分析的基础上，尝试分别构建了外部动态环境、智力资产及企业技术创新之间的关系模型。结合研究内容及研究目的，运用国泰安（CSMAR）数据库及万得（WIND）数据库进行了相关实证检验，为上述理论分析提供了相关的经验证据，完善了智力资产与技术创新相关研究系统，并丰富了相应的文献。

导论	（1）
一、研究背景与意义	（2）
二、概念辨析与约定	（5）
三、研究思路与内容	（9）
四、研究目的与方法	（15）

第一章　文献梳理及述评 …………………………………（17）
　　一、国内外研究动态梳理 ………………………………（18）
　　二、国内外现状评述 ……………………………………（35）
　　本章小结 …………………………………………………（36）

第二章　智力资产与技术创新的理论基础 ………………（38）
　第一节　资源基础理论：智力资产内涵基础 …………（39）
　　一、资源基础理论的形成及发展 ………………………（39）
　　二、资源基础理论的主要观点 …………………………（41）
　　三、资源基础理论与智力资产 …………………………（43）

第二节　利益相关者理论：智力资产结构基础 …… （44）
　　　一、利益相关者理论的起源与发展 ………… （44）
　　　二、利益相关者理论的主要内容 …………… （46）
　　　三、利益相关者理论与智力资产 …………… （48）
　　第三节　动态能力理论：智力资产效用基础 …… （49）
　　　一、动态能力理论的起源与发展 …………… （49）
　　　二、动态能力理论的主要内容 ……………… （50）
　　　三、动态能力理论与智力资产效用 ………… （53）
　　第四节　协同演化理论：智力资产效用产生机理 … （54）
　　　一、协同演化理论的发展及主要内容 ……… （54）
　　　二、协同演化理论的主要内容 ……………… （55）
　　　三、协同演化与智力资产作用机理 ………… （57）
　　本章小结 ……………………………………………… （58）

第三章　智力资产与技术创新作用机理研究 ……… （60）
　　第一节　企业生态系统论 ……………………… （60）
　　　一、企业的定义 ……………………………… （61）
　　　二、企业的起源与发展 ……………………… （62）
　　　三、企业生态系统结构 ……………………… （65）
　　第二节　技术创新理论基础及经济后果 ……… （68）
　　　一、技术创新理论思想发展 ………………… （68）
　　　二、技术创新的动因 ………………………… （70）
　　　三、技术创新的衡量及经济后果 …………… （73）
　　第三节　智力资产与技术创新的协同演化机理 … （79）
　　　一、协同动态演化模型的建立 ……………… （79）
　　　二、企业智力资产系统内外部利益相关者协同
　　　　　动态演化博弈分析 ……………………… （81）

三、智力资产与技术创新协同演化机理分析 …（82）
    本章小结 ………………………………………………（85）

第四章　外部动态环境、智力资产与企业技术创新 ……（87）
    第一节　引言 …………………………………………（87）
    第二节　研究理论与分析假设 ………………………（88）
    第三节　研究设计 ……………………………………（92）
        一、样本选择与数据来源 …………………………（92）
        二、涉及变量的解释与定义 ………………………（93）
        三、模型设计 ………………………………………（97）
    第四节　实证检验与分析 ……………………………（97）
        一、描述性统计分析 ………………………………（97）
        二、相关性分析 …………………………………（102）
        三、回归结果及分析 ……………………………（103）
    第五节　进一步研究及稳健性检验 …………………（109）
        一、进一步研究 …………………………………（109）
        二、稳健性检验 …………………………………（116）
    本章小结 ………………………………………………（123）

第五章　结论、启示与展望 ………………………………（125）
    一、研究结论、创新及政策建议 ……………………（125）
    二、研究局限及未来研究展望 ………………………（133）

参考文献 ……………………………………………………（135）

导 论

"现代管理学之父"彼得·德鲁克（2009）认为，智力资产是21世纪经济形态的主流。随着经济全球化及互联网技术的快速推进，有形资产对企业的价值创造优势减弱，智力资产将成为企业价值增长的重要驱动，尤其是"中国智造"战略也首次将"智力资产"摆在了首要位置[①]。宏观上，智力资产是一个国家具有可持续竞争力的最有价值资产（Stewart，1991），"智力资产化"已成为现阶段发展的新动力[②]；微观上，智力资产是实现企业技术创新的动力源泉，促进企业经济向创新驱动模式转型，实现经济的快速转型升级。同时，创新驱动战略也是当前我国经济发展的关注焦点，创新的核心要素是企业智力资产，微观企业的竞争模式已经由传统的资金竞争转

---

① "两会"深度聚焦数据安全 保护制造业"智力资产"被放到首要位置，https://www.sohu.com/a/226055918_428352。

② "智力资产化"已成为现阶段发展新动力，http://roll.sohu.com/20160105/n433459430.shtml。

向智力资产竞争。然而,实务中的企业技术创新过程是一个动态的复杂系统工程,智力资产与技术创新是否真正具有直线关系?智力资产对企业技术创新到底具有何种作用机理?两者是否具有动态演化关系?当考虑外部动态环境变化时,智力资产是否仍旧会对技术创新产生作用?那么,外部动态环境又对智力资产或者技术创新产生何种作用?智力资产、技术创新与企业绩效三者之间又有怎样的联系?对这些问题的深入研究,将有助于推进"中国智造"的实现,培育出具有国际竞争力的企业。

一、研究背景与意义

科学技术改变了竞争环境,无形资产是21世纪的竞争利器。企业所拥有的物质资产已被员工技能、管理层能力及研发创新等无形的智力资产所替代。十九大报告中也曾指出,要实现知识资产化,增强企业的技术创新能力及提升全要素生产率,由此可见,智力资产将是未来经济增长的动力,是企业可持续发展的战略力量。据麦肯锡调查资料显示,西方智力密集型轻资产企业比例从1999年的17%增加到2016年的31%,收益率比固定资产密集型企业高5—8倍。因此,加强企业智力资产投资,实施智力资产驱动创新战略成为新经济发展的潮流。然而,在经济发展过程中,大多数区域或者企业仅仅注重研发费用的投入,没有厘清智力资产与技术创新之间的作用机理,导致创新绩效及创新能力仍然未达到预期。数据显示,在2017年全球产业创新100强[①]中,中国仅有五个企业入围,前十名中无中国企业,与入围较多数量企业的国家相比,中国仍有很长的路要走。众所周知,创新

---

① 2017全球产业创新百强榜公布 美国公司占绝对主导,http://finance.sina.com.cn/roll/2017-08-31/doc-ifykpzey3337360.shtml。

的基础是智力资产的积累与利用,是企业保持竞争力的稀缺性资源。尽管已有研究表明,智力资本对企业技术创新具有显著的正向作用,然而智力资产的多维度性及动态演化性,使得智力资产与技术创新的作用机理仍处于模糊状态。因此,顺应知识经济的发展趋势,考虑智力资产的动态演化效应,对两者之间的作用机理与路径进行研究,将是兼具理论与现实意义。

(一) 理论意义

智力资产和企业技术创新一直都是理论界和实务界所重点关注的话题之一。虽然已有学者对两者进行了大量深入的研究,但研究涉及的点多面广,并未形成权威性的统一结论。本书以资源基础理论、利益相关者理论为基础,动态能力演化理论为导向,将智力资产和技术创新研究纳入无形资产会计领域内进行研究,拓宽了智力资产理论和技术创新研究的视角,丰富了企业智力资产理论和创新理论研究的相关内容。

第一,通过梳理智力资产和技术创新的理论研究成果,有助于拓展智力资产理论和创新理论的研究边界,促进无形资产会计理论的发展。自1890年美国"降低铁路运费"案后,无形资产逐步被国内外不同的学者与机构赋予不同的含义、提出不同的特征及采用不同的计量模型来进行研究。随着知识经济时代的到来,以传统的无形资产理论来阐释智力资产与技术创新之间的动态演化经济效应,必然会导致经济现象解释的滞后性及模糊性。本书的理论探索既有利于实现对智力资产的会计确认与计量,又利于对智力资产与技术创新作用效应的评价,促进新经济环境下无形资产会计理论的进一步发展。

第二,用协同进化演化理论来阐述智力资产与技术创新的作用机理,提供了更广泛的智力资产与技术创新研究的理论视角,丰富了后续理论研究,为实证研究奠定了理论基础。从协同进化角度研究智力资产与技术创新的演化机理，既扩展了协同创新理论的研究内容，又拓展了企业智力资产与技术创新研究理论视角。

第三，通过对智力资产与技术创新进行系统理论分析，有助于正确理解智力资产及各维度与技术创新的内在逻辑动态演化关系。当前，以高科技企业或者中小企业为研究对象对智力资本与技术创新的作用进行分析的研究不少，但是大部分都是从静态视角研究智力资产是否会促进技术创新，而没有考虑在外部动态环境不确定时的情况。本书从动态能力演化角度研究两者的作用机理，为后续研究奠定了基础。

(二) 现实意义

为了实现《中国制造 2025》规划目标，打造"智能制造"，本书不仅是对国家宏观层面政策与规范制定提供现实依据，而且对微观层面企业的战略发展规划具有指导意义。

宏观上，《中国制造 2025》是坚持"创新驱动、质量为先、结构优化、人才为本"的方针，实现制造强国的目标。那么处理好创新、结构与人才的关系是更好地实现"制造强国"是关键要素。通过研究智力资产与技术创新的动态演化关系，有利于从宏观上了解各区域技术创新及创新差异的原因，进而制定有利于促进技术创新的相关政策，实现各区域的均衡发展。

微观上，为企业最大限度发挥智力资产的创新效益提供技术支持，为企业管理者提供经验借鉴。尽管智力资产是技术创新的关键要素，但是大多数的企业都不能拥有创新所需要的智力资产（Leonard – Barton，1995），都需要借助外界的智力资产。如何在两者的动态能力演化过程中快速地获取外界的智力资产，将成为企业核心竞争力的重要来源。本书中重点研究两者的演化机理，探讨如何构建适应企业智力资产与技术创新动态演化的机制,为企业快速实现转型升级,获取可持续竞争优势提供经验指导。

因此,对智力资产与企业技术创新动态演化进行深入系统的研究,揭示两者之间的演化机理,有助于企业从知识管理视角出发,构建企业维持可持续发展的创新驱动模式,早日实现《中国2015》目标,建成全球领先的技术体系和产业体系[①]。

二、概念辨析与约定

为了让本书的研究内容能够更加明确地体现作者的思想,不会因为学者对相关概念的理解差异而引起歧义,故在书中需要对相关名词概念予以辨析并做出约定。

(一)相关概念的辨析

1. 无形资产概念

无形资产思想最初源于亚当·斯密的著作,认为"所有的能力都是资本"。后来经过1890年美国"降低铁路运费"一案的法律推动,"无形财产"的概念逐渐产生并经过一系列其他经济事项转化成"无形资产"。之后国内外学者分别对其进行了定义,具体见表1。

由上述国内外学者对无形资产的定义可知,大多数认同狭义的无形资产具有以下特征:(1)不具有实物形态;(2)能够给企业带来未来的收益权,即具有超额价值创造的能力;(3)企业长期拥有或者控制的。而另有一些学者(Thomas A. Stewart,1997;布莱尔和沃曼,2001)认为无形资产等同于智力资产,包括人力资产、结构资产与顾客资产,三者相互作用,推动企业

---

① 国务院关于印发《中国制造2025》的通知,http://www.gov.cn/zhengce/content/2015-05/19/content_9784.htm。

表1　　　　　　　　　　无形资产概念

类别	作者（时间）	主要观点
国外部分学者	佩顿（1992）	不具实物形态、存续期较长的有价值的要素
	亨德里克森（1992）	用于购买服务的支出，包括传统无形资产和广告及促销等递延借项
	Baruch Lev（2001）	有未来收益、具有非物质形态
	安妮·布鲁金（1996） Thomas A. Stewart（1997）	等同于智力资产
	布莱尔和沃曼（2001）	能带来未来收益的非物质资产
国内学者	杨汝梅（1926）	一种剩余价值
	方荣义（1995） 裘宗舜、肖虹（1998） 袁庆宏（2000） 于玉林（2001）	不具实物形态、长期的、可带来超额经济利益的非货币资产
	毛宁（2001）	非物质形态的未来收益要求权
	汤湘希（2004）	不具实物形态、带来收益的特殊权利、超额收益的特殊经济资源
相关准则的观点	国际IASB（38）（2008）	没有实务形态、可辨认的非货币性资产
	英国FRS（10） 美国FASB（142） 中国CAB（6）	没有实物形态、不包括金融资产和商誉

资料来源：作者通过相关文献自行整理。

价值的实现，属于广义无形资产的范畴。

2. 知识资产概念

知识资产的概念最早是由美国《财富》杂志的编辑 Stewart 在1991年提出的，他认为 Microsoft 及 Intel 等知识密集型企业的竞争优势是雇佣的知识型员工、内部机制及两者综合形成的独特能力。戴夫·乌尔（Dave Ulrich，1999）认为，知识资产即为工作人员的能力与热情。刘仁彪（2000）则认为知识资产就是无形资产。加拿大管理会计协会（1998）认为知识资产是知识转化的最终结果。张治理（2006）认为知识资产是被激活的信息和知识。邓辉（2000）认为知识资产是具有创造性的新知识和信息。由此可见，虽然不同学者对知识资产的认知不同，但是都存在一些共性的特征：（1）能够创造差异化竞争优势；（2）都与员工的脑力活动有关；（3）都与无形资产相关，但不同于无形资产。随着知识经济时代的到来，知识资产能够创造巨大的商业价值，推动企业持续获得竞争优势。

3. 智力资产与智力资本概念

智力资产（Intellectual Assets）是组织内部存在的一种广义无形资产，以知识资产为核心，在一定条件下可以创造高价值的资产。顾名思义，智力资产属于企业资产的一类，只不过它与传统资产有不同之处，它包括隐形的和显性的两类智力资产，隐形的主要指"人才资产"；显性的主要指"市场资产""结构资产""企业文化"等（余绪缨，2004）。也有学者认为智力资产是一种静态概念，是能够在未来产生现金流的资源（Berle 和 Means，1991；Manton，2006）。

经济学上，资本是能带来价值增值的价值，各种形式的智力资产的总价值之和即为"智力资本"，是一种动态概念，是由智力资产转化而来，只有投入生产活动中并且具有增值效应的智力资产才能转化成智力资本（李经路，2014）。虽然不同学者对两者的概念在存在形式上进行了区分，但国内外学者在具体学术研究上并未对两者进行严格的区分，认为两者是可以相互替代的。实际上，智力资本最初是由西尼尔1836年提出的，认为智力资本相当于"人力资本"，是个人所拥有的知识和技能。随后约翰·加尔布雷斯（J. K. Calbrainth）发展了其概念，于1969年提出智力资产的"动态论"，认为智力资产不仅是一种静态的无形资产，更是动态的能创造价值的资本。随着智力资产研究的逐渐深入，目前关于智力资产概念主要分为四种观点，分别是无形资产观、会计计量观、价值创造观及竞争优势观，具体观点如表2所示：

表2　　　　　　　　智力资产概念

类别	作者（时间）	观点
无形资产观	Brooking 等（1996）、Guenther & Beyer（2003）、Sveiby（1997）、Knight（1999）、Agor（1997）、Masoulas（1998）、英国FRS（10）、美国FASB（142）、中国CAB（6）	智力资产是各种无形资产的综合
会计计量观	Edvinsson & Sullivan（1996）、Dzinknowski（2000）、傅元略（2002）、邱国栋、朱宁（2003）袁丽等（2010）、孙志岩（2003）	从财务角度，认为智力资产可以计量
价值创造观	Roos（2001）、Nahapiet（1998）、Kaplan（1993）、Stewart（1997）、Petty & Guthric（1999）、袁庆宏（2003）、蒋天颖等（2009）、刘程军（2015）、王永贵等（2016）、周礼（2019）	智力资产能够单独或者与企业其他资产共同创造价值；是一种动态的价值创造源泉

续表

类别	作者（时间）	观点
竞争优势观	Ltami（1991）、Bontis（2000）Richard（2001）、Subramaniam & Youndt（2005）、Reed等（2006）、孙善林（2017）、徐召红（2018）	智力资产是动态的，是企业无形的战略资源，是企业的核心竞争力

资料来源：作者通过相关文献自行整理。

（二）智力资产概念的约定

无形资产、知识资产、智力资产与智力资本四个相关概念，既有相似之处，又有差异。不同的学者基于不同的理论基础与研究目的，对其进行了定义与分类，但相互之间存在着交融性，抑或一种概念代表着四种特征。如"企业良好的网络销售渠道"，既具有无形资产的特征，又是知识经济的产物，同时还是企业长期积累形成的能够投入生产过程中产生增值效应的资产。由于本书拟研究智力资产与企业创新能力的动态演化问题，基于研究目的，两者是在不断地进行动态演化的。因此，在对智力资产进行会计视角的定义时，应考虑其系统性和动态性。鉴于此，对智力资产采取如下定义：智力资产是企业拥有的，经过长期积累形成的，通过组织的规划与利用，以知识为载体，以动态能力为基础，能够对企业生产活动起到正向增值效应的无形资产。在此不再详细区分到底是智力资本还是智力资产，统一界定为"智力资产"。它不是完全意义的无形资产，然而却是无形资产形成的基础。

三、研究思路与内容

（一）研究思路

本书以智力资产与技术创新的动态演化作为研究对象，在梳理智力资产构成维度、测度方法及对企业的作用效应的基础上，依次深入递进地首先用资源基础理论阐述了智力资产的内涵；然后运用利益相关者论述智力资产的复杂性；接着，运用动态能力理论阐述了智力资产的效用，即在目前外界环境动态变化的情况下，智力资产能发挥价值创造作用；其后运用协同效应理论及动态能力理论阐述了智力资产与技术创新的动态作用机理；同时，考虑了外界动态环境的不确定性运用实证检验智力资产与技术创新的作用机理，最后，在理论与实证经验研究的基础上，探讨如何构建适应中国企业的智力资产与技术创新相互协同演化的机制，提升企业的国际竞争力、积极融入"一带一路"倡议，为实现我国创新驱动发展指明方向。本书研究思路如图1所示：

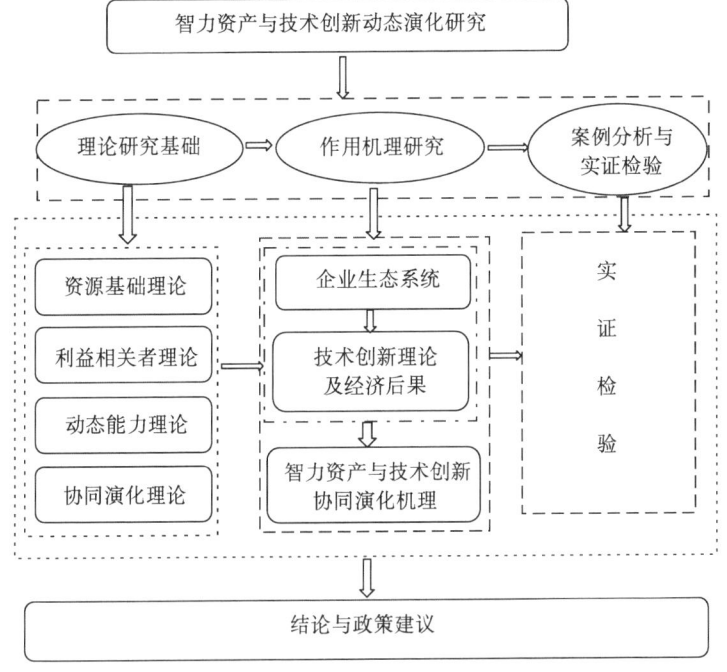

图1　本书研究思路

(二) 研究内容

本书的整篇逻辑结构,除了前面的导论外,主要内容包括理论基础部分、作用机理研究分析、实证检验分析及结论、政策建议四部分。理论基础部分主要从资源基础理论、利益相关者理论、动态能力理论及协同演化理论探寻了智力资产与技术创新演化的逻辑理论基础。作用机理研究分析了智力资产与技术创新两者是如何动态演化的,实证检验分析运用相关数据验证了前述作用机理,针对研究结论,分别从宏观角度与企业角度提出了如何有效增强企业智力资产,如何发挥企业智力资产对技术创新促进作用,促进企业业绩提升,实现经济转型升级的良性循环,使中国企业"走出去",快速融入"一带一路"倡议,实现中美贸易战中的技术创新突围的政策与建议。本书的具体研究内容由以下部分组成:

导论。本部分主要阐述了本书的研究背景、模糊概念的辨析与界定、本书的研究思路及内容,并论述了研究目的及研究方法。

第一章,文献梳理及评述。本章通过对智力资产的构成维度的二元、三元、四元及五元等结构论,智力资产的财务指标测度模式(市一账价值比法、托宾Q系数法、收益法、计算价值法、增值系数法)及财务指标与非财务指标结合测度模式(Skandia"导航器"模型、记分卡模型、无形资产监控器)、智力资产的组织效应与创新效应等文献进行梳理,发现虽然研究内容日益深入,研究范围日益广泛,并逐渐延伸至相关行业,然而,研究仍存在如研究所依据理论基础的孤立性、智力资产与技术创新作用机理分析的单薄性及智力资本与技术创新研究的静态性等问题。因此,有必要需要借助其他基础理论及实证研究方法进行深入研究。

第二章，智力资产与技术创新的理论基础。本章主要从资源基础理论、利益相关者理论、动态能力理论及协同演化理论探寻了智力资产与技术创新演化的逻辑理论基础。

资源基础理论认为企业是可控资源的集合体，特殊的异质性资源是企业竞争优势的来源，不完全模仿性是企业持续竞争优势的保证，恰当的组织模式可以帮助企业充分利用其资源与能力最大限度地实现竞争优势。智力资产作为企业重要无形资产之一，属于企业可控的重要异质性资源，由于其形成具有因果模糊性及社会复杂性，致使其具有不完全模仿性。

利益相关者理论认为智力资产结构涉及企业各个利益相关者，如人力资产涉及管理层与员工能力的表现，关系资产涉及政府、供应商与销售商等社会关系，组织资产则是对内部流程的梳理，大家共同努力为企业带来经济利益。而利益相关者理论本身就强调企业是利益相关者的契约集合，目标就是价值最大化。智力资产实现目标即要通过其构成维度涉及企业的各个方面，提高人员素质、技术水平，强调相互合作，强调内部过程的顺畅，通过各利益相关者实现，仅仅依靠某一方面无法形成企业的可持续竞争优势。

动态能力理论认为当外部处于动态环境时，智力资产效用能够得到最大程度的激发与利用，促进企业内部资源整合与创新，催生出新的技术与产品，提高组织流程效率，改善公共关系，获取更多利益相关者的支持，促进新的智力资产增量的产生，并使得智力资产的价值创造效应更具适应性与诉求性，进而提升企业在市场中的话语权。

协同演化理论是企业智力资产效用机理发挥的基础，认为智力资产包括人力资产、结构资产及关系资产，这三者内部之间也具有协同效应，只有三个相互融合与促进，才能促进智力资产中知识的有效传递与吸收，从而优化智力资产。如通过招聘高层次人才，提升人力资产；同时由于高层次人才具有先进的管理经验与能力，能够促进组织结构的优化，提升效率；也向外界传递了企业正处于良好发展势头的信息，优化关系资本，三种资产通过协同效应进而整体提升智力资产。随着市场化竞争的加剧，仅仅依靠某个企业自己去实现某些战略目标将非常困难，企业间的智力资产合作将成为一种新的互惠共赢模式。智力资产本身所有的协同性将有助于相关知识与信息的转移，从而形成企业外部智力资产协同演化效应，推动个体智力资产的优化。

第三章，智力资产与技术创新作用机理研究。本章主要从生态系统论入手，运用动态能力和协同演化理论，详细阐述了智力资产与技术创新的作用机理。首先，界定了现代企业的生态系统结构。企业是内部具有分工协作的团队，通过劳动交换而生产商品或者提供劳务的契约经济组织。该组织是伴随着外部环境而发展变化的，每种企业存在形式都具有其环境特征与现实适应性，在特定外部环境下，企业组织形态的创新与选择都是为了形成企业稳定的生态系统，促进企业核心竞争力的实现。目前的企业生态系统是具有内外部结合及各子系统分工协作的，随着外部环境不断变化的，以智力资产系统为核心的生态系统。其次，详细阐释了技术创新理论及其经济后果。在市场环境动态变化中，企业生态系统更高级别的循环上升和可持续竞争力的保持将越来越依靠企业创新。技术创新思想不是在某一阶段一蹴而就的，而是在随着外部环境的变化不断发展的。从马克思《资本论》的技术创新思想、西方产业组织的技术创新思想到中国特色技术创新思想，都是企业寻求核心竞争力的重要表现。技术创新的动因不同，但是技术创新是创新模式的核心，能够驱动经济增长，提高生产效率，节约劳动成本，降低产品生产成本，提高产品附加值，提升企业核心竞争力，实现企业的可持续发展是目前统一的认知。企业生态系统的各利益相关者也逐步意识到技术创新的优势，都想通过技术创新增加企业价值、品牌价值及实现产业结构升级。最后，建立了协同动态演化模型和运用动态能力理论来分析智力资产与企业技术创新的动态演化作用机理。

第四章，外部动态环境、智力资产与企业技术创新。本章选取2011—2017年沪、深两市交易的A股上市公司为初始研究样本，剔除了不符合条件的样本后，得到符合条件的2022个样本观测值。以智力资产为自变量指标，技术创新为因变量衡量指标，环境不确定为外部动态环境的替代指标，来验证外部动态环境下智力资产与技术创新的作用机理。实证研究结果发现：（1）智力资产及其各子系统维度均与企业技术创新具有显著的正相关关系，表明企业智力资产系统能够对企业实施自主技术创新发挥显著的积极作用。（2）进一步按照行业特征分组研究发现：虽然各行业智力资产都对技术创新具有显著的促进作用，但是在制造业中企业规模的大小和营业收入增长率都对技术创新有非常显著的正向促进作用，而在非制造业中，技术创新主要依赖与企业所拥有的智力资产，与企业规模与营业收入增长率关系不显著。（3）加入外部动态环境调节变量，研究结果发现，外界动态环境对智力资产与技术创新具有显著的负向削弱作用，即外部动态环境不确定性越高，对智力资产与技术创新的抑制作用越显著。（4）进一步研究了外部动态环境对智力资产及其子系统各维度的影响作用，研究结果发现，外部环境动态不确定性对企业整体智力资产有显著的促进作用，但是对其各子系统的作用具有异质性，其中对人力资产的正向影响并不显著，对结构资产具有显著的负向作用，对关系资产具有显著的正向作用，即外部动态环境能够促使企业建立更加完善可靠的关系资产。（5）系统检验了智力资产、技术创新与企业绩效的关系，研究验证了技术创新在智力资产与技术创新过程中具有显著的部分中介效应。

第五章为全书的结束语，总结了全书的研究结论，提出了可能的研究创新，并针对前述结论提出了相应的政策建议，最后分析了本书研究的创新性及局限性，并对未来的研究方向进行了展望。

四、研究目的与方法

（一）研究目的

在国内外智力资产相关理论基础及已有研究成果的基础上，本书旨在系统分析智力资产与企业技术创新的动态演化，分析智力资产对企业技术创新的作用机理，并充分考虑到外部动态环境的不确定性对智力资产与技术创新的影响作用，对智力资产培育与技术创新提升的协同效应进行初步探讨。本书主要实现以下具体目的：

一是梳理智力资产与企业技术创新的理论基础，以期探寻智力资本与技术创新的逻辑内涵，构建其逻辑内涵的框架体系。

二是依据动态能力理论、利益相关者理论及协同演化理论探讨智力资产与技术创造的动态理论作用机理。

三是考虑外部动态环境的不确定性，对智力资产与技术创新作用机理进行实证检验。

四是在理论分析和实证检验的基础上，提出有效增强企业智力资产，发挥企业智力资产对技术创新促进作用，促进企业业绩提升，实现经济转型升级的良性循环，使中国企业"走出去"，快速融入"一带一路"倡议，实现中美贸易战中的技术创新突围的政策建议。

（二）研究方法

本书交叉融合了管理学、经济学、统计学、心理学等多学科知识，在研究过程中综合运用多种研究方法进行跨学科综合研究，将规范研究与实证研究、定性研究与定量研究相结合，实现理论与实践的有机协调。在理论分析部分，本书主要采用文献分析法和逻辑推理法进行理论探索，构建相应的理论体系，在此基础上，采用实证研究方法验证考虑外界动态环境不确定性下智力资产与技术创新的作用机理。

一是文献分析法。文献分析法是通过搜集、鉴别和整理文献，系统分析与研究现有相关文献以获取信息，形成科学认识的分析方法。通过文献分析法可以厘清现有文献的研究方向、内容等，再根据分析判断，形成相应的研究主题。本书在导论中对智力资产相关概念辨析、第一章的国内外研究动态的文献梳理、第三章的技术创新衡量及经济后果中均采用了文献分析法，通过对以往研究文献的回顾，形成了本书的研究思路与内容。

二是逻辑推理法。逻辑推理法主要是运用归纳、演绎和溯因等方式实现从前提形成结论的论证方法。在吸收以往研究成果的基础上，本书第二章中采用逻辑推理法，对智力资产与技术创新的逻辑内涵进行了阐述，第三章采用逻辑演绎推理方法，对外界动态环境下智力资产与企业技术创新的作用机理进行了逻辑推演。同时在第五章中，还根据理论和实证研究结论对增强企业智力资产，发挥企业智力资产对技术创新促进作用进行了理论探索，提出了相应的政策建议。

三是统计分析法。统计分析法是运用数学方法，建立相应数学模型，通过对所获取研究对象的资料数据进行数理统计分析，揭示事物之间的相互关系，形成定量研究结论的一种研究方法。在第四章中，本书采用相关分析、回归分析等统计分析方法对理论研究假设进行了实证验证。

文献梳理及述评

自20世纪60年代末"智力资产"概念被美国经济学家正式界定以后,众多学者开始从不同的角度对智力资产进行研究。国内外早期研究主要集中在对智力资产相关概念的定义及辨析上(这部分内容在前面概念辨析与界定中已经进行了梳理)。随着经济环境的变化及智力资产研究的深入,到20世纪末期,大家逐渐认识到智力资产具有不同的维度,且各维度能够单独或者共同促进经营管理的绩效水平及价值。因此,很多学者开始从不同角度对智力资产的构成维度、测度方法及绩效与价值效应等进行研究,产生了丰硕的研究成果。然而,由于智力资产与技术创新作用机理的系统复杂性,目前对于两者的作用机理尚未形成统一认知。本书通过对已有智力资产相关文献的梳理,总结和吸收已有研究成果,为本书后续研究奠定基础。

一、国内外研究动态梳理

(一) 智力资产的构成维度

基于对智力资产不同的理解,不同学者对智力资产所包含的内容(即构成维度)有着不同的见解,具体有二元、三元、四元及五元等结构论。各种结构论均包含了"人力资产"要素,其他要素的名称与内涵基本不同。

1. 二元结构论

此观点是将智力资产分为两个要素维度,其代表人物有 Edvinsson 和 Malone(1997)、Roos(1998)、Joia(2000)、Bontis 等(1999)、Petty & Guthrie(2002)及 Sullivin(2000)。Edvinsson 和 Malone(1997)以斯坎迪亚流程图为标准,认为智力资产包括人力资源和结构资本;Roos(1998)依据是否会"思考",将智力资产分为人力资产和结构资产,人力资产是属于会思考的那部分资产,结构资产则是不会思考的那部分,具体表现为关系、组织及更新与发展等资产。而其他学者认为智力资本是人力资本与结构资本的耦合(Bontis 等,1999;Petty & Guthrie,2002;Sullivin,2000;景莉,2004)。

2. 三元结构论

目前,大部分学者认为智力资产由三要素维度构成,但结构维度名称并不相同。Stewart(1997)提出了著名的"H-S-C"结构,即人力资本(Human Capital)、结构资本(Structure Capital)及顾客资本。Sveiby(1997)认为智力资产是相对无限的以知识为基础的无形资产,包括雇员能力、内部结构、外部结构(E-I-E结构)三维度。还有其他学者认为智力资产可分为人力资本、结构资本与关系资本(Dzinkowski,2000;Michalisn 等,2000;杨隽萍、游春,2011)。Davenport & Prusak

(1998)认为智力资产可分为人力资本、组织资本、社会资本三个维度。Bontis（2004）认为智力资产是具有多层多维结构的，具体由人力资本、结构资本和关系资本三部分构成。Hubert（1996）认为是雇员资本、组织资本与外部关系资本共同作用创造了组织价值。

3. 四元及五元结构论

此种观点将智力资产划分四个或五个要素。Brooking等（1996，1998）将企业组织的智力资产分为市场资产、人力中心资产、知识产权资产和基础设施资产。Johnson（1999）将智力资产分为人力资产、创新资产、流程资产与关系资产。陈劲等（2004）则将智力资产分为人力资产、结构资产、创新资产和顾客资产。Van Buren（1999）将智力资产分为人力资产、结构资产、创新资产、流程资产及顾客资产。

除此之外，还有一些学者对智力资产的构成维度提出了其他的见解（Andriessen，2001；Marr，2005；Andreou等，2007）。尽管不同学者观点表述不尽相同，但他们基本上均认为智力资产是由人力资产和由智力所派生的相关软资产综合组成（傅元略等，2000，2002）。一般而言，此领域的大部分学者都比较认同智力资产的三元结构论，即智力资产是由人力资产、组织（或结构）资产与顾客（或关系）资产三个维度构成。

（二）智力资产的测度方法

智力资产既然是企业价值创造过程中的一个重要因素，那么如何对其衡量就成为学术界和实务界研究的热点。梳理已有智力资产测度模式发现，到目前并没有达成一致意见的测量模式，不过总体而言包括财务指标测度模式及财务指标与非财务指标结合测度模式。财务指标测度模式主要有市—账价值比法、托宾Q系数法、收益法、计算价值法、增值系数法；财务指标与非财务指标结合测度模式有：Skandia"导航器"模型、记分卡模式、Technology Broker 测量模型、无形资产监控器等。

1. 财务指标测度模式

财务指标测度模式主要是用可获得的财务数据依据一定的理论观点直接或者间接地对智力资产价值进行计量。

（1）市—账价值比法（Market to Book Approach）

此测度方法涉及市值（Market Value）与账面价值（Book Value），市值是指企业所拥有的股票价值与债券价值之和，以两者之差的绝对数来反映智力资产价值，即智力资产价值（IV）= 市场价值（V）- 账面价值（Vb）。该计算方法隐含了智力资产等于无形资产的假设。绝对数计算不利于不同企业之间的横向比较，因此经过转化为相对数来评价。斯图尔特（Stewart, 1997）和卢瑟（Luthy, 1998）提出以市值/账面价值（M/B）来反映企业拥有智力资产的程度。M/B 越大说明企业的智力资产价值越大，知识密集度越高。这两种计算方法都比较简单，便于理解，操作容易。然而，也存在一定的弊端：如隐含的假设欠缺合理性，无形资产不能完全等同于智力资产，如土地使用权明显不属于智力资产的范畴；市场价值是公允价值，而账面价值大部分是历史成本，不同时点的价值不管是相减还是比值都没有意义；市价对于上市公司很好确定，但是对于非上市公司则有一定的局限性。

（2）托宾 Q 系数法

"Tobin's Q" 系数是经济学家 James Tobin 于 1969 年设计的，其目的是为了解决会计政策不同（如折旧政策）及通货膨胀而造成的账面价值扭曲现象，采用重置成本代替账面价值来计算 Tobin's Q 系数 = 市值/重置成本，衡量企业的成长性。Tobin's Q 大于 1，则说明企业的成长性高，公司的市场价值超过目前的重置成本，反映了企业拥有无形资产的价值。基于此，Stewart（1997）和 Bontis（1999，2002）便认为可以采用此方法对智力资产进行测度，将该系数作为智力资产的代理变量。该种测度方法比较简单易于计算，但是也存在一定的局限性：一是市值表示的是产出表现价值，重置成本是投入价值，不同计量属性的数据比值缺乏理论依据。二是该比值仅仅反映出智力资产价值的相对值，不能计算其绝对数；三是操作性相对比较低，对于资产尤其是专项资产的重置成本确定有一定的难度，造成智力资产价值有一定的误差。

（3）收益法

收益法是以产出价值为计量基础的一种方法，目前主要分为商誉终值法、过去收益终值法、综合收益价值法、期望收益现值法四种不同的计量方法。

商誉终值法是通过先计算商誉价值，再把价值中属于智力资产的那部分，按照一定的利率计算出终值。这种方法适用于具有商誉的同一行业企业。优点一是采用历史成本计算，具有客观性和可靠性，便于同行业间智力资产价值的比较；二是考虑了货币的时间价值，最终计算的智力资产价值接近于现值。

过去收益终值法是把计算期内年度收益中属于智力资产投资产生的那部分按一定利率计算出的终值作为智力资产价值。该种计算方法适用于企业智力资产变动不大，且由智力资产产生的收益能够明确计算出来的企业。优点是便于企业前后期的可比，而且也考虑了时间价值，计算结果较具有现实性。

综合收益价值法是把过去收益中的一部分按照一定利率计算终值，加上预计收益的一部分计算现值作为企业智力资产价值。此方法计算比较复杂，对将来的预测具有不确定性，但是具有非常显著的优点，就是考虑比较全面，既考虑过去的收益，又考虑未来的收益,具有很强的现实性。

期望收益现值法是以未来产出为计量基础来计算智力资产价值的方法,主要使用未来收益现值来进行计量。计算原理比较简单,但是由于当年市场缺乏现成的市价,因此,在实际计算过程中,需要考虑其他的一些影响因素,如智力资产的状态、生命周期等。

(4) 计算价值法

该方法有三种不同的计算方法,第一种是以行业平均资产收益率为基础;第二种是以行业平均有形资产收益率为基础;第三种是以会计盈余为基础,目的都是计算出智力资产的财务价值。

第一种计算相对比较简单,其将超过行业平均资产收益率的收益视为某个企业所拥有的智力资产所创造的,那么智力资产的价值就是超额收益的资本化金额。具体计算公式为:$IV = (EBIT - TA \times R_0)/K_0$,其中EBIT用近3年或者5年的平均数来计算;TA是账面总资产;R_0是行业平均报酬率;K_0表示资本成本。该计算方法容易理解,适合同行业内智力资本价值比较。但是也存在一定的局限性,该计算公式采用的永续年金的计算方式,暗含了企业所拥有的智力资产会无限期地每年带来相同的经济流入,这和智力资产所具有的经济寿命和动态变化的现实状态是不相符的,由此计算出的价值也随之和实际情况不相符。第二种方法是计算无形价值法(Calculated Intangible Value,CIV),其本身是一种无形资产的估计方法,由Stewart于1997首次用来对美国Merck制药公司进行智力资产估计所用,其目的是找寻创造超额价值的无形资产。虽然计算步骤比较很复杂,但是其思路与上述第一种方法雷同,不过以行业平均有形资产收益率为基础来计算。具体的计算公式为:$IV = [(TP'/TAM' - ROA')(1-TAX)]/K_0$,其中TP'表示近3年的平均税前利润;TAM'表示近3年的平均有形资产；ROA'表示行业前3年的平均ROA；TAX表示税率；K_0表示资本成本。第三种是以会计盈余基础来计算智力资产的价值。其最初由巴鲁克·列弗（Baruch Lev，1999）拓展的无形资产评估框架上发展而来的。该方法首先将企业资产分为实物资产、金融资产及无形资产三类；其次计算出有无形资产驱动的盈余；最后将无形资产盈余资本化。这两种方法思路基本相同，计算比较复杂。

（5）增值系数法（VAIC）

该方法是由Ante Pulic于1997年开发的智力资产评价方法。该方法认为企业绩效取决于财务和智力资产的增值，主要运用"效率"的概念来计算企业增值中有多少是依赖智力资产投入而产生的。该方法在目前实证研究中应用的最为广泛。其思路为首先依据"Skandia模型"（1995）的观点，将智力资产分为财务资产与智力资产，将两者能够导致企业增值的能力称为"智力能力"，用"智力增值系数（VAIC）"来表示，其中VAIC = VA-CA + VAIP = VA/CA + VA/IP，VA表示企业的增值，即产出—投入；CA代表投入的财务资产之和；IP代表的总薪酬支出。依据此思路，后来不同的学者依据对智力资产的不同分类，计算出企业所拥有的修正的智力增值系数（MVA_IC）、创新资产增值系数（RDE）人力资产增值系数（HCE）、流程资产增值系数（OCE）、关系资产增值系数等（Harrison & Sullivan，2000；Menona等，2002；Tsan & Chang，2005；Wang，2008；温军，冯根福，2012；曹裕等，2016）。该方法比较简便，其可以利用财务系统程序化地快速评价每个企业的智力资产价值。然而，由于理论研究的局限性，对于智力资产的结构尚未形成统一的认知，且计算过程中对相关数据的选择主观性，使该方法计算出的智力资产价值缺乏一定的可比性。

2. 财务指标与非财务指标结合测度模式

(1) Skandia "导航器" 模型 (Skandia Navigator)

该种衡量智力资产价值的方法是由 Skandia 公司的经理列夫·埃德温森（Leif Edvinsson）结合公司实践于 1997 年首创，融合了无形资产负债表和平衡记分卡的思想。其认为企业智力资产价值来源于财务关注、顾客关注、流程关注、更新和发展关注及人力资源关注，以该五个不同领域的关注构建与智力资产的互动关系，形状类似于一栋坚实的房屋。其中，反映过去的"财务关注"是房顶，房子的墙壁则由反映企业现状的"顾客关注"与"过程关注"构成，房子的根基则是反映企业未来商业环境的"更新和发展关注"，房子的核心则是"人力资源关注"，在整个模型结构中起决定性作用，是组织的灵魂，上述五个关注焦点组成一个统一的整体模型。为了客观反映智力资产的价值，先后使用了 91 项新的智力资产指标与 73 项传统指标对上述五个方面测度，并借助计量经济学的类比等处理方法，将众多指标最终转化成为金额与百分比两类指标；再结合事项设定的权重将货币金额指标转化成价值（I），百分比指标结合起来形成智力资产效率系数（X）；最后是智力资产价值 $IV = I \times X$。该方法将财务指标与非财务指标结合起来，揭示智力资产形成的组织结构与内部过程，但由于很多指标从开始测试到中间的结合都是建立在一定的假设条件及理想状态下，甚至忽视了有些指标难以量化的问题，由此计算的价值客观性与准确性需要进一步提升。

(2) 记分卡模式

记分卡模式主要分为平衡记分卡模式和知识记分卡模式。平衡记分卡（Balanced Score Card，BSC）是由 Robert S. Kaplan 与 David P. Norton 于 1992 年提出的一种战略实施工具，它从财务、客户、流程与学习 4 个方面将组织战略转化为衡量指标，这四个方面除了财务构面外,其他的三个都是属于无形资产构面,兼顾了财务与非财务指标,实现了对隐性资产进行计量。结合已有智力资产维度构成的研究发现,两者有一定的相似性与重合性,故此,一些学者认为可以用BSC来对智力资产价值进行测度,于是Wingren(2002)首次提出依据平衡记分卡为基础的智力资产模型,该模型仅仅包含了企业愿景、内部结构、学习和成长等指标,但对于平衡计分卡和智力资产之间的连接未做深入研究。随后,陈文标(2005)以此研究为基础,构建了两者之间的耦合框架,通过战略管理活动将两者联系起来。另外一种记分卡测量模式是知识记分卡(Knowledge Scorecard),将智力资产等同于知识资产。该计量模式是迪肯(Ingo Deking)在2001年对BSC的改进。迪肯首先将知识资产按照三维度结构界定为人力资产、组织资产和关系资产;然后从精通、传播、成文与创新四个角度分解成可执行的知识目标;接着细分具体的知识标准;最后按照上述标准建立知识记分卡,逐项打分与报告。此法重点关注的各具体战略目标的执行情况,与企业知识管理紧密相连(相子国,2006)。

(3) Technology Broker测量模型

该测量模式是Brooking(1996)设计的,主要用来衡量智力资产价值。具体思路为,首先将智力资产分为市场资产、知识产权资产、人力资产及基础结构资产四部分,然后利用IC指标设计出20个问题由企业来回答,做出肯定回答少的企业需要关注其企业智力资产问题。接着针对上述四个部分设计了特定审计问题来进行问卷调查,其中对于市场资产围绕品牌、客户、名称、订单及协作设计了47个审计问题;知识产权资产围绕专利、版权、设计及商业秘密设计了22个审计问题;人力资产围绕员工教育、职业、工作相关知识、职业估价、工作相关能力、组织学习及人力资产管理设计了51个审计问题；基础结构资产围绕管理哲学、组织文化、组织文化协调、信息技术系统、数据库及IT经理设计了58个审计问题，该问卷采用5点打分法，采用相等的权重得出企业智力资产的整体审计评价。最后，采用成本法、市场法或收益法来确定智力资产的财务价值。

该测度模式优点是提供了一个全面的"工具箱"来识别智力资产的价值，能够从智力资产的不同方面进行深入研究。其缺点是仅仅考虑了某一时点的资产存量，未考虑企业未来的增长潜力。虽然提供了三种转化方法，但每种方法都有其缺陷。

（4）无形资产监控器（the Intangible Assets Monitor，IAM）

无形资产监控器（IAM）是Sverby于1997年所构建的一种对无形资产进行计量的模型。该模型的前提假设是企业价值V＝权益价值（$V_{权}$）＋无形资产价值（IV），其中大部分价值来源于以智力为基础的无形资产。在此，无形资产可划分为：（员工）能力、外部结构、内部结构三类，强调了（员工）能力的核心地位。为了系统反映某一期间组织所拥有的智力资产及其动态变化，分别从成长、革新、效率和稳定性四个维度设计指标体系对上述三个组成部分进行计量。该测度方法被广泛应用在实务界，并对其他智力资产测度模型产生了积极影响。

除上述的计量方法和测度模型外，还有其他方法与模型，如运用财务指标计量的经济增加法（EVA）（Stewart，1997）、道格拉斯生产函数余值法（芮明杰等2002；张宏亮，2003；夏锋等，2004；冉秋红等，2010）、价值创造指数、全面价值方法（Pike & Roos，2000）、价值链计分卡（Lev，2002）、期权定价法（Kossovsky，2002）等；还有借鉴心理学与行为科学，设计量表进行问卷调查，采用财务指标与非财务指标结合等多种不同的智力资本衡量模型与评价体系（Bontis，2000；Youndt &

Snell，2004；Subramaniam & Youndt，2005；曾洁琼，2006）。此外，还有很多学者结合某一行业特征设计出相应的具体智力资产价值评价体系（梁莱歆、官小春，2004；赵海林，2014；董必荣，2011；李卫兵等，2018）。

由以上相关梳理可知，到目前为止，对于智力资产价值的计量与测度，理论界与实务界尚未形成统一认知。由于智力资产本身具有的不确定性及企业异质性，财务计量模式并非适用于所有类型的企业。随着心理学和行为科学的广泛运用，与非财务指标集合的测量模型逐步应运而生，并取得了较快发展。采用非财务指标有利于克服传统财务测量模式的弊端。实际上，目前对智力资产测量模型的研究不仅仅局限于测量智力资产的价值，而是更在于探索与验证智力资产在企业目标实现中的作用。

（三）智力资产对企业的作用效应

1. 智力资产与组织绩效

（1）主效应研究（Main Effect Research）

该类研究认为智力资产能够直接显著地影响组织绩效，是早期国内外研究的主流。如最初 Prahalad & Hamel（1990）认为智力资产是企业的核心竞争力，是提升绩效的关键要素。随后不同学者选用不同的行业实证检验智力资产与组织绩效之间的关系，大多数证明两者具有显著的正相关关系。如 Riahi & Belkaoui（2003）以美国 81 家跨国公司为研究样本，基于资源和利益相关者视角，选取 1992—1996 年期间企业的资产增值为因变量，研究结果显示，智力资产能够对跨国公司总财富创造具有显著的促进作用。Mehralian 等（2012）通过选取伊朗 2004—2009 年上市制药公司为研究样本，运用多元线性回归及人工神经网络（ANNS）实证检验了智力资产能正向促进盈利能力。Firer（2003）选用芬兰 2002 年的 72 家中小型企业智力资产与预期销售额之间的关系数据，分析得出智力资产能够有效促进经营业绩的提高。Pena（2002）以最新创立的企业为研究对象，研究了智力资产与初创企业生存与成长的相关性。结果显示，智力资产的各组成部分（人力资产、组织资产及关系资产）对企业风险投资绩效（Venture Performance）具有显著的直接促进作用。Engström等（2003）采用嵌入式案例研究对酒店业进行调查分析，结果表明酒店智力资产对其业务绩效存在潜在的正向作用，结构资产投入能够显著促进酒店业财务绩效（客房利润和食品饮料销售利润）的提高。Cohen等（2007）对希腊知识密集型中小型服务业企业进行问卷调查，调查分析显示：智力资产的各组成部分的协同效应对绩效的作用更直接。无独有偶，中国学者徐爱萍（2009）及张娟（2017）都通过实证检验得出智力资产的三维结构（人力资产、结构资产及关系资产）之间具有协同效应。此外，刘玉平等（2013）、高娟等（2015）及周礼、谢薇薇（2019）都验证了不仅智力资产整体对组织绩效具有显著促进作用，而且不同的内部维度之间具有耦合及交互作用，共同促进企业组织绩效。

Hashim（2015）采用分布式调查问卷对马来西亚各组织的管理人员进行调查分析，结果显示智力资产对马来西亚企业绩效具有显著影响。Luminita等（2016）通过对四家从事饮用水分配的公司从2010—2014年的追踪调查发现，智力资产与组织绩效之间存在显著的关系。Lee & Lin（2018）对台湾会计师事务所的经营绩效进行评价，发现人力资产、流程资产及客户资产是行业维持良好经营业绩的主要方面。朱杏珍（2003）通过分析人力资产对企业的营运能力、偿债能力、盈利能力和发展能力指标发现人力资产是决定绩效的关键要素。陈劲等（2004）对浙江省高科技企业进行问卷调查、设计智力资产定性评价指标并进行实证研究发现，智力资产的四要素之间存在强相关关系，且均对企业绩效存在显著相关关系。万希（2006）以2003年度运营最佳公司进行实证检验，结果发现智力资产中的人力资产和结构资产对企业绩效促进作用，但不显著。王曙、程李梅（2013）选取2007—2010年的36家成长型上市公司作为研究样本，研究表明智力资产对会计绩效与市场绩效都具有显著的提升作用，其中，人力资产与会计绩效和市场绩效正相关；结构资产与会计绩效显著正相关，与市场绩效呈较弱正相关。秦辉、王瑜炜（2014）针对智力资产到底对组织绩效产生多大影响性采用Meta分析进行检验，结果智力资产确实对组织绩效产生显著的正向作用，两者的综合相关系数是0.48（$P<0.001$）。张宗益、韩海东（2011）比较了行业间智力资产对企业绩效作用，结果显示制造业、信息技术业与房地产业均对企业绩效有显著正向影响。赵海林（2014）选取2010—2012年深交所A股为研究样本，建立销售绩效、财务绩效及市场绩效三种模型进行实证研究，结果发现智力资产对任何行业都具有显著促进作用；主板市场上智力资产显著促进销售绩效及财务绩效。

然而，Steven（2003）选取南非75家上市公司为样本，以智力资产增值效率为自变量，企业绩效的三个传统维度（盈利能力、生产率及市场估值）为因变量，研究结果表明智力资产对盈利能力、生产率及市场估值的作用是有限的和不明确的。Maditions等（2011）选取希腊2006—2008年的上市公司为研究样本，检验结果显示只有人力资产与财务绩效具有统计学上的显著关系。

（2）缓冲效应研究（Buffering Effect Research）

该类研究认为智力资产对组织绩效的作用是间接的，需要通过一些缓冲变量（中介变量）如知识共享、吸收能力、动态能力、双元创新等来探索智力资产与组织绩效的关系。Burt（1997）认为构建知识平台有利于智力信息的交换和分享，是企业智力资产提高市场绩效的重要中间变量。Marr等（2004）研究发现知识共享机制能更好地发挥智力资产对绩效的提升作用，具有显著的中介效用。孙善林、彭灿（2017）以双元创新为中介变量，探讨智力资产各维度在动态环境下对企业短期财务绩效的影响，研究结果显示：人力资产和结构资产均显著正向影响短期财务绩效，利用式创新在人力资本和结构资本对短期财务绩均具有显著的中介效应；同时外部环境的动态性对利用式创新与短期财务绩效之间的关系起负向调节作用。Menor等（2007）对美国制造业的问卷调查研究发现，企业运营能力在智力资产与经营绩效中起中介作用，流程灵活性通过产品创新发挥部分中介作用，影响企业市场绩效和财务绩效。Hsu和Wang（2012）采用贝叶斯回归对242家高科技企业2001—2008年的总体数据进行检验的结果显示，动态能力在结构资本对业绩的影响中发挥完全中介作用。许红胜、王晓曼（2010）在对电力、蒸汽和热水生产与供应产业56家公司的检验中发现，人力资产、结构资产与关系资产会透过企业能力的中介作用对企业财务绩效形成间接效应。武博和闫帅（2011）对120家知识型企业的分析结果显示，组织学习能力在人力资产和创新资产对知识创新绩效的影响中发挥部分中介作用，而在结构资产和关系资产对知识创新绩效的影响中发挥完全中介作用。Bollen等（2005）将德国制药行业智力资产价值和知识产权与公司绩效进行实证检验指出，人力资产、结构资产和关系资产对知识产权有重要影响，因此，知识产权作为中介直接影响公司绩效。Kamukama等（2011）指出，竞争优势是智力资产与财务绩效之间关联的一个显著的中介变量，在乌干达的小额信贷机构智力资产与财务绩效之间发挥部分中介作用，提高了两者之间的关系 22.4%。此外，我国学者张宗益和韩海东（2010）及徐爱萍（2010）还从员工激励、外部利益相关者需求的满足和智力资产三维协同方面提出了智力资产转化为组织智力资产与组织绩效的路径。

(3) 调节效应研究（Moderate Effect Research）

该类研究学者认为，智力资产对组织绩效的作用受企业战略、性质、企业文化、生命周期、外部环境等其他因素的调节作用。Kuczmarski（1996）研究指出，企业要相信创新的力量，创新战略能够正向调节智力资产与组织绩效之间的关系。Ling（2013）选择具有全球竞争力的146家中国台湾公司进行问卷调查，结果证实知识管理战略能够对智力资产与全球绩效起到正向调节作用，正确的知识管理战略会提升企业全球绩效。Barathi（2007）在研究智力资产的动态性时发现，智力资产会随着企业性质与时间的变化而变化。如曹裕等（2010）选取2002—2007年的上市公司为研究样本，采用面板回归方法对企业不同生命周期中智力资产与企业绩效关系进行实证检验，研究发现：企业生命周期的任何阶段，智力资产整体都对企业绩效具有显著的促进作用，但是各组成部分在不同的生命周期阶段对企业绩效存在异质性，其中人力资产全程都对企业绩效具有显著正向作用，结构资产仅在成长阶段对绩效有显著积极作用。秦辉、王瑜炜（2014）认为企业规模、所处的宏观经济周期都会对智力资产与组织绩效产生调节作用，另外，研究还表明智力资产二元结构比多元结构对组织绩效的作用更显著。马宁等（2015）认为风险投资比例会调节智力资产对企业绩效的作用，当高于"门槛值"时，智力资产会加速提升市场价值与资产利用效率。高丽等（2014）以高科技企业为研究对象，探讨企业文化对智力资产和企业绩效之间的关系，结果表明：企业文化（宗教文化、活力市场文化及层级文化）对智力资产的三要素影响具有异质性，且三要素（人力资产、结构资产与关系资产）均对财务绩效与成长绩效有显著的正面影响。朱瑜等（2007）对198家企业进行调查研究，结果发现：官僚型、创新型及支持型三种企业文化对智力资产与组织绩效影响具有调节异质性。李冬伟、汪克夷（2009）验证了高科技企业中环境要素对智力资产与企业绩效具有显著的调节作用，具体而言：环境适宜性对人力资产与企业绩效具有反向调节作用，正向调节流程资产与企业绩效；环境动态性对流程资产与企业绩效具有反向调节作用。Barkat & Loo（2018）采用发展中国家巴基斯坦154个大型制造业为研究样本，通过问卷调查，通过偏最小二乘法实证研究发现，知识过程能力（Knowledge Process Ability）是一个重要的调节变量，能够调节智力资产的各个维度，且关系资产组织绩效的作用最显著。

2. 智力资产与创新效应

智力资产能够产生核心竞争力，带来竞争优势，而且进一步促进自身创新（Harrison & Sullivan，2000；Stewart，2003）。随后，学者们开始采用实证方法研究智力资产及其构成维度对企业创新的效应。如Subramaniam & Youndt（2005）对93个企业调查研究发现，人力资产与社会资产相互作用对企业激进创新能力产生积极影响，组织资产单独对创新能力产生积极影响。Chen等（2006）通过调查台湾制造业来研究智力资产对新产品开发绩效的影响，研究表明，智力资产的三个维度（人力资产、结构资产和关系资产）与新产品的开发绩效具有显著的正相关关系，且行业增长率正向调节智力资产与新产品开发绩效的关系。Wu等（2007）通过对台湾100家IT行业的调查研究，使用分层回归方法验证假设，结果表明智力资产能够显著提升知识产权，动态能力正向调节了智力资产与创新能力的关系。蒋天颖等

(2009)通过对浙江省78家企业的调查问卷研究分析，结论表明智力资产中的人力资产对企业创新绩效具有显著的直接影响，而结构资产、关系资产通过组织学习对创新绩效具有正向作用。杨晓明等（2009）以我国"211工程"部分院校为研究对象，研究分析表明大学智力资产对创新数量绩效有显著积极作用，且智力资产与科技投入对创新数量有互补的交互效应。阎海峰等（2009）以与在华跨国公司有互动关系的企业为研究对象，采用发放问卷的方式来进行研究，发现吸收能力在智力资产和技术创新之间具有完全中介作用，在智力资产和管理创新之间具有部分中介作用。林筠、李随成（2010）通过结构方程模型研究发现，智力资产各维度选择性地影响供应商参与新产品开发（NDP）。蒋尹华、王学军（2012）运用趋势面分析，以全国60所高校近10年的数据为研究样本，深入研究了大学智力资产与科技创新能力之间的关系。马北玲等（2012）研究发现智力资产的3个关键因素均对企业实现突破性技术创新绩效具有显著促进作用，但是不同维度的驱动作用不同，关系资产的影响最为显著。张慧颖、吕爽（2014）实证研究结果显示：外部社会资产对突破式创新及渐进式创新均具有显著的正向作用，结构资产、内部社会资产仅对渐进式创新产生显著的正向影响，进一步研究发现渐进式创新对产品创新绩效的影响更为显著。周森、李柏洲（2014）通过对374份企业调查问卷结合数理分析，验证表明企业智力资产对技术能力具有正向影响作用。李辉等（2015）对长三角地区346家高新技术企业调查统计分析发现：智力资产能够显著正向提升企业自主创新能力。曹裕等（2016）以上市公司2007—2012年数据为基础，研究智力资产与创新绩效之间的关系，结果表明：企业的各个生命周期阶段智力资产整体对创新绩效均具有显著的正向作用，然而，在各个生命周期阶段智力资产的各维度对创新绩效具有异质性。王朝晖、刘嫦娥（2017）基于契合理论，以246家高技术企业为研究样本，智力资产各要素的补充性契合对双元型创新具有显著的促进作用。Seyeon 和 Sohyung（2018）对韩国301家制造公司进行调查研究发现，智力资产对渐进式创新和激进式创新发挥了显著的积极作用。冉秋红、任重（2012）运用数据包络分析（DEA）方法，探讨了智力资产结构推动自主创新的作用机理。吴晓云等（2016）在对电信企业的238份有效调查问卷进行实证研究发现：智力资产各维度（人力资产、结构资产及关系资产）均与开放式创新战略有关，人力资产对技术领先战略有显著的促进作用，进一步研究发现，技术领先战略和开放式创新战略均能够显著提升战略绩效和财务绩效，且技术领先战略与开放式创新战略对智力资产与企业绩效具有显著的中介效用。田颖（2018）依据智力资产"H－S－R"结构采用案例研究众创空间智力资产对创新绩效的影响，研究结果认为智力资产是协同创新的关键要素。张玉喜、赵耀辉（2017）以233家科技型企业为研究对象，运用结构方程模型对智力资产与创新类型的关系进行研究，结果表明：人力资产对企业经营创新、管理创新和技术创新具有显著的正向影响；结构资产对技术创新有显著的正向影响，而对企业的经营创新和管理创新影响不显著；同时，关系资产对经营创新和技术创新有显著的正向影响，对企业的管理创新影响不显著。刘程军等（2015）经 Meta 分析方法处理后，得到了以下结论：智力资产对企业创新具有显著的正向影响作用；智力资产对企业创新的影响随时间因素和文化差异的变化而变化；当智力资产为多维结构或两者之间存在中介变量时，智力资产对企业创新的作用更显著。何悦桐等（2019）认为，智力资产对战略柔性和创新能力都具有显著的影响作用，而战略柔性中的资源柔性对创新能力的直接影响不显著。

二、国内外现状评述

通过梳理智力资产与技术创新相关文献可知，迄今为止理论界对智力资产的作用效应研究内容日益深入，研究范围日益广泛，并逐渐延伸至相关行业。然而，仍有一些研究尚未达成统一意见，如智力资产含义、智力资产构成维度及智力资产与技术创新的作用机理等，需要借助其他基础理论及实证研究方法深入研究。此外，当前对智力资产与技术创新的研究大多集中于初步探讨，往往选择某一行业分析智力资产对技术创新的作用，很少将不同行业的作用机理进行统一，从动态演化理论与利益相关者视角分析智力资产与技术创新的作用机制。

（一）研究所依据理论基础的孤立性

目前对智力资产作用机理的研究大多以资源基础理论为起点，认为正是因为企业拥有智力资产这一资源，才能为企业带来经济利益，该理论主要是从静态角度体现智力资产的内涵，无法为企业智力资产作用机理的动态演化行为提供理论依据，更无法用该理论来为企业智力资产利用及技术创新进行深入研究。虽然目前已有部分研究考虑了智力资产作用的动态性及构成维度之间的内在联系，但仅仅是以资源基础理论为基础进行分析，并未将智力资产构成要素与技术创新联系起来，无法深入探讨两者之间的动态演化路径。本书将动态能力理论、协同效应理论及利益相关者理论引入研究，便于系统、动态地研究智力资产与技术创新的动态演化过程。

（二）智力资产与技术创新作用机理分析的单薄性

目前不管是理论界还是实务界，都认为智力资产能够促进企业技术创新，智力资产是企业价值创造财富和保持核心竞争力的重要来源。虽然从逻辑推理上说明了智力资产在企业可持续发展中的功能效应，但是对于两者的作用机理研究尚缺乏全面系统的分析。目前国外学者通常运用某一个理论对两者作用机理进行分析后再采用实证检验，验证智力资产整体或者其构成维度要素对技术创新的作用，但是研究结论却是不一致的。究其缘由，主要是智力资产的构成分类不统一、依据的基础理论不同、作用机理的分析不足等。

（三）智力资产与技术创新研究的静态性

现有文献虽然对智力资产和技术创新的关系进行了研究，但是众所周知，企业技术创新是一个系统工程，具有复杂性和动态性，智力资产的构成要素在企业技术创新过程能够发挥不同的作用，如果将各要素更好地组合起来发挥其作用并非是一个简单的工作。同时，目前研究多集中于智力资产对技术创新的静态影响，尚未考虑外部动态环境不确定性对智力资产与技术创新的作用机理。

综上所述，明确智力资产内涵和与构成，引入智力资产与技术创新的理论基础，结合目前"大众创业、万众创新"的新常态经济发展态势，研究智力资产与技术创新的作用机理，构建智力资产与技术创新理论框架，全面和深入地揭示智力资产与技术创新之间的动态演化关系。

本章小结

本章通过对智力资产构成维度的二元、三元、四元及五元等结构论，智力资产的财务指标测度模式（市—账价值比法、托宾Q系数法、收益法、计算价值法、增值系数法），财务指标与非财务指标结合测度模式（Skandia "导航器"模型、记分卡模式、Technology Broker 测量模型、无形资产监控器）及智力资产的组织效应与创新效应等文献进行梳理，发现虽然研究内容日益深入，研究范围日益广泛，并逐渐延伸至相关行业，然而，研究仍存在如所依据理论基础的孤立性、智力资产与技术创新作用机理分析的单薄性及智力资产与技术创新研究的静态性等问题。因此，有必要借助其他基础理论及实证研究方法进行深入研究。

第二章
智力资产与技术创新的理论基础

智力资产是企业创新的基础,尤其目前中国企业在响应"一带一路"倡议过程中,企业智力资产将成为推动未来技术创新能力重要核心要素。理论上,企业智力资产价值越大,其企业的创新能力越强,那么其核心竞争力就越强,就越能够吸引更多的社会资源,进而形成良性循环。实践中,也有众多检验结果显示,智力资产与技术创新存在着显著的正向促进作用,对企业的组织绩效也具有显著的作用。然而,现实财务报告体系中并没有对智力资产这一重要的无形资产进行表内反映,究其缘由,主要是理论与实务中均缺乏统一认可的智力资产定义及测度方法。智力资产作为企业技术创新与组织绩效的重要推动力,其作用机理并非是静态独立的,而是智力资产各构成维度动态协同作用的结果,其协同作用涉及各利益相关者。因此,本书依据资源基础理论、利益相关者理论、动态能力理论及协同演化理论探寻智力资产与技术创新演化的逻辑理论基础。

第一节 资源基础理论:智力资产内涵基础

资源基础理论(Resource – Based Theory,RBT)是企业战略管理研究领域的一个重要理论,主要用来解释企业的超额盈利能力及竞争优势。与迈克尔·波特竞争优势理论①不同的是,资源基础理论将研究的焦点从企业外部转到企业内部,认为企业是一组具有异质性资源及能力的集合体,企业竞争优势就来自这些异质性资源和能力所产生的经济租。

一、资源基础理论的形成及发展

和其他理论一样,资源基础理论的形成也是建立在前人的理论研究基础之上的,主要有四类前人研究对资源基础理论产生重要影响:传统的独特能力②研究;大卫·李嘉图的级差地租理论;爱迪斯·彭罗斯的企业成长能力研究;哈德罗·德姆赛茨等对反托拉斯的经济学分析。其中学术界比较公认的资源基础理论的起源是彭罗斯在1959年出版的《企业成长理论》一书中关于"生产性资源"的论述,认为企业是"一组生产性资源束",不仅包括土地等供给无弹性的资源,还包括管理团队、企业家才能、管理技巧等无弹性生产性资源,不同企业控制的这些资源显

---

① 迈克尔·波特的竞争优势理论认为,影响产业竞争优势的主要是外部因素,具体为:同业竞争者、潜在进入者威胁、与供应商及购买者的议价能力及替代产品的威胁。企业要想取得竞争优势,一般会采用成本领先、差别化及专一化三种战略。

② 独特能力,是指那些可使某企业比其他企业以更有效率和有效能的方式实现战略目标的种种特质。

然是有显著差异的,形成了企业的异质性。

实际上最早发表资源基础理论的是沃纳菲尔特在1984年发表的论文"A Resource-based view of the Firm",该论文正式提出了资源基础理论观点。他强调从企业所拥有的"资源"角度来看待企业的竞争优势,企业的异质性及稀缺性是获取竞争优势的重要基础,而合理利用及掌握这些竞争优势才是根本利益所在。随后,沃纳菲尔特提出采用产品市场地位竞争来反映企业拥有的资源,企业间的产品市场地位的竞争即可看作是企业间所拥有资源地位的竞争。理论上而言,对于产品市场竞争肯定会存在进入或模仿壁垒,使竞争者无法取得或模仿,形成企业持续竞争优势。因此,企业所拥有的资源是企业获得持续竞争优势的基础。同年,鲁梅尔特(Rumelt)也发表了一篇基于资源的论文,将企业定义为"一串生产性资源束,且资源价值会随应用环境发生变化",同时还强调,资源的模仿壁垒取决于"隔绝机制"的保护程度。除此之外,从企业拥有资源的视角聚焦于获取经济租的能力,探究经济租产生及攫取特性。1986年,巴尼(Barney)发表了第三篇基于资源的论文,把资源基础观提升到资源基础论的研究。巴尼引入战略性要素市场的概念,认为如果战略要素市场的市场竞争总是完全竞争的,则企业不可能获得经济租。当然,战略性要素市场不可能总是完全竞争的,相对于外部资源,一个企业的可控资源比其他资源更可能成为经济租的来源。德里克斯和库尔(Dierickx & Cool, 1989)则在扩展巴尼(1986)观点的基础上,提出难以模仿性及不可替代性是形成异质性资源的关键,且这两种特征只能是通过连续性投资内生积累发展而来,而不能以公开市场交易获取。此后,众多学者在上述基础上对资源基础理论进行了深入探讨,但是研究结果比较零散。直至1991年巴尼再次发表论文,大致勾勒出了资源基础理论逻辑基本假设及企业资源与竞争优势之间的关系论断,将当时比较零散的资源基础理论观点整理成正式的理论框架。

二、资源基础理论的主要观点

资源基础理论的基本思想是将每个企业都视为一个资源的集合体,资源在企业间分布的非均匀性及非流动性,决定了在一定的时间内企业所拥有资源禀赋的差异性,进而导致企业的异质性,由此构建了基于资源的竞争优势。概括而言,资源基础理论的主要观点如下:

(一)企业是可控资源的集合体

马克思曾认为"劳动和土地,是财富两个原始的形成要素"①。恩格斯也对资源进行定义"劳动和自然界是一切财富的源泉,自然界为劳动提供材料,劳动把材料转变为财富"②。由此可见,资源不仅仅指自然资源,而且还包括人类劳动的社会、经济、技术等因素及人力、人才、智力(信息、知识)等。可以认为,资源指的是一切可被人类开发和利用的物质、能量和信息的总称,它广泛地存在于自然界和人类社会中,是一种自然存在或能够给人类带来财富的财富。从经济学的本质来看,资源是生产要素的代名词。企业作为社会活动的重要组成部分,资源是其赖以生存发展的基础,资源基础理论认为一切企业所控制的、能够用来实施企业战略的所有有形的资源(如物质资本资源、货币资本资源等)及无形的资源(如关系、能力、知识、信息、组织流程、市场声誉、企业文化及协调控制系统等),都是企业

---

① 马克思:《资本论》(第二卷),中共中央马克思 恩格斯 列宁 斯大林著作编译局译,人民出版社,1975年第152页。
② 马克思、恩格斯:《马克思恩格斯选集》(第四卷),中共中央马克思 恩格斯 列宁 斯大林著作编译局译,人民出版社,1995年第373页。

提高效率，打造竞争优势的基础。

（二）特殊的异质性资源是企业竞争优势的来源

资源基础理论认为企业的竞争优势源于企业所拥有的异质性资源，异质性资源是市场竞争优势得以建立的基础，也是企业间获利差异的重要原因。实际上，企业作为可控资源的集合体，各种资源在企业间的分布并非完全一样，某种资源一旦确定为某企业所控制或拥有，就具有相对的稳定性。因此，企业间要素资源的异质性就产生了。除此之外，对某一特定企业而言，并非可控的所有资源都能成为竞争优势的来源。只有同时具有价值性、稀缺性、不完全模仿性及不可替代性的资源才是异质性资源。价值性是指企业构想及实施战略、提升效率及效能的基础；稀缺性是指资源的稀少性，如果某项特定的有价值资源为众多企业所拥有，实施同样的企业战略，采用相同的能力开发这项资源，则结果是不会形成竞争优势。不难看出，有价值且稀缺的资源可能是企业竞争优势的来源，但是，随着科学技术的进步，如果这样的资源能够通过直接复制或替代的方式获得，则企业资源的竞争性优势就会丧失。然而事实上，这些异质性资源不可能被完全模仿或替代。

（三）不完全模仿性是企业持续竞争优势的保证

异质性资源为企业带来经济租，形成企业的竞争优势，但是其他企业受经济利益的刺激，有可能会采用各种手段与方法去模仿优势企业，导致经济租消失，竞争优势丧失。资源基础理论认为，企业资源具有一定的模仿或取代壁垒，具有不可模仿性或取代性，不可能完全模仿或取代，这将是企业持续竞争优势的保证。这主要受以下原因的影响：（1）独特的历史条件。某些资源的获取和开发受制于当时的时空条件，时过境迁，其他企业将无法取得这种缺乏时空依赖性的资源。如某企业创建初期培养的独特有价值的组织文化、企业当前价值远高于当初选址时的预期等资源。（2）因果模糊性。由于社会环境的不确定性及经济活动的复杂性，有可能会导致企业资源和竞争优势之间的关系很难被弄清楚，那么对于模仿者而言，就不知道该模仿哪些资源。（3）社会的复杂性。企业有些资源表现出很强的社会复杂性，竞争优势也是基于此类复杂的社会现象而存在的，直接导致其他企业模仿这些资源的能力大大受限。如公司管理层之间的关系、公司文化、企业在客户及供应商中的声誉等。（4）模仿成本较高。对企业而言，模仿是需要成本的，如果模仿成本超过其预期实现的收益，则企业将不会选择模仿行为。

（四）组织流程是企业实现持续竞争优势的关键

企业拥有或控制大量有价值的、稀缺的、不可模仿的资源，只有利用组织流程合理恰当地开发其潜力时，才能实现持续竞争优势。组织流程要素包括企业的正式报告结构、管理控制系统、薪酬政策及各利益相关者的相互配合等。恰当的组织模式可以帮助企业充分利用其自身的资源与能力，最大限度地实现竞争优势；不恰当不合理的组织流程（模式）则会妨碍企业利用其异质性资源取得竞争优势。

三、资源基础理论与智力资产

由于前文已经对智力下过如下定义：智力资产是企业拥有的经过长期积累形成的，通过组织的规划与利用，以知识为载体，以动态能力为基础，能够对企业生产活动起到正向增值效应的无形资产。说明本书认定智力资产是企业的一种无形资产。同时，由于资源基础论强调资源主要包括关系、能力、知识、信息、组织流程、市场声誉、企业文化及协调控制等，与前文我们对智力资产构成界定基本相同。其次，资源基础论认为，资源禀赋中最关键的是无形的、具有价值且不能完全仿制的、无法替代的无形资源（Barney，1991），而智力资产中的人力资产、关系资产及组织资产也具有此种特征，且具有不可易得性，需要企业的长期积累与维持，促进企业绩效的创造，能够使企业赢取竞争优势。最后，智力资产所具有的内涵及结构正是其实现持续竞争力的关键，只要合理恰当地开发与利用，就能够发挥智力资产的作用。

第二节 利益相关者理论：智力资产结构基础

利益相关者理论（Stakeholder Theory）是20世纪60年代在西方萌芽，80年代逐步影响扩大的一种企业非主流理论，是在对主流企业理论——股东中心理论（Shareholder Primacy Theory）的挑战与融合中发展起来的，不仅影响了公司治理模式的选择，还促进了企业管理方式的转变。

一、利益相关者理论的起源与发展

利益相关者理论是近年来公司治理领域比较热门的理论，是一个正在不断发展丰富的理论。早期关于"利益相关者"的思想或者观点，都比较零散地分布在一些论述或者主流理论中，据相关资料显示，1708年，"stakeholder"一词最早出现在管理学的相关文献中，表示对某项活动的"下注"；1927年，通用电气经理的就职演讲中也提到为"利益相关者"服务的思想；1963年，斯坦福研究院（Stanford Research Institute，SRI）对利益相关者进行定义，认为利益相关者是对一个组织予以支持的团体，没有他们的支持，组织可能就没法生存；1965年，美国学者伊戈尔·安索夫（Igor Ansoff）首次将"利益相关者"引入管理学和经济学中；1977年，美国的宾夕法尼亚大学的沃顿商学院（Wharton School）首次开设"利益相关者管理"课程等，旨在将利益相关者的概念引入战略管理中，但这些都没有形成系统的理论体系。直到20世纪70年代，当时奉行"股东至上"的英美企业遭受了前所未有的困难，而体现"利益相关者"思想的德国、日本及东南亚国家企业的迅速崛起，造成对当时主流企业理论所倡导的公司治理模式产生了质疑；再加上随着经济全球化及科学技术的进步，全球企业都面临着企业伦理、社会责任及环境保护等一系列问题，要求企业在发展过程中不得不考虑其他利益相关者的重要性。与此同时，1984年，弗里曼（Freeman, R. Edward）出版了《战略管理：利益相关者方法》一书，系统勾勒了利益相关者的定义及特征，并从战略高度阐述了利益相关者对企业可持续发展的重要作用，使利益相关者观点成为一个独立的理论分支。

利益相关者理论的提出始于1985年约瑟夫·斯蒂格利茨（Joseph Eugene Stiglitz）的"多重委托—代理理论"，认为公司是由多个利益相关者构成的，公司的决策也是各利益相关者合力的结果。此后，加拿大学者马克思·克拉克森（Max Clarkson）于1993年在多伦多大学专门组织了关于利益相关者的国际研讨会，很多世界知名学者如弗里曼（Freeman）、多纳德森（Donaldson）、柯林斯（Collins）、卡罗尔（Carroll）及克拉克森（Clarkson）等都做了主题性发言，并普遍赞同如下观点："企业是由利益相关者组成的系统，它与社会系统一样为企业的发展提供支持，企业的目标是为所有的利益相关者创造财富及价值"[1]，

---

[1] 陈宏辉在其博士论文《企业利益相关者理论及实证研究》中对此观点进行了详细的理论阐述。

进一步丰富了利益相关者理论。美国经济学家及法学家玛格丽特·布莱尔（Magarete M. Blair）于 1995 年从法律的角度剖析了"所有权"的含义，她认为"股东没有像原有理论假设一样承担所有的责任和风险，其他利益相关者也没有完全脱离责任和风险"，主张将利益相关者纳入公司治理中去。然而，让利益相关者开始为大众所熟知的是英国首相托尼·布莱尔（Tony Blair）于 1996 年在新加坡的演讲，提出要建立一种"利益相关者经济（stakeholder economy）"。此后，研究利益相关者理论的文献大量涌现，我国也于 20 世纪 90 年代中期开始对利益相关者理论进行研究，主要以杨瑞龙、李维安、李心合等为代表的学者，在借鉴国外学者研究成果的基础上，进一步拓展了研究内容，如采用单一或多重标准对利益相关者进行划分（杨瑞龙，周业安，1998；万建华等，1998；李心合，2001；吴炯等，2002）、构建利益相关者分类管理模式（吴玲等，2003）及通过量化数据对利益相关者进行实证检验等，但仍然没有形成统一的理论。

二、利益相关者理论的主要内容

利益相关者理论是在对主流企业理论的质疑及批判中发展起来的，虽然到目前为止还没有完整的理论体系，与主流企业理论体系完善性也存在一定的差距，但是在过去 30 多年里仍然取得了丰硕的研究成果，形成了为大多人所认同的理论观点。

（一）企业是利益相关者契约的集合

现代企业理论认为，企业的本质是市场价格机制的替代，是一系列契约的联结体。一个企业的存在，是与其所在的社会建立契约而得以合法存在的。具体在现实活动中，企业每一项经营活动都与社会建立了契约关系，如在供应阶段，企业与供应商签订合同，意味着两者之间存在着按质按量供货和及时付款的契约关系；与员工签订就业合同，意味着企业和员工之间存在着提供劳务的义务及报酬支付的契约关系；销售阶段，企业与销售商签订的销售合同，意味着两者之间存在着提供产品及回收货款的契约等关系，这些契约关系涉及的双方不再仅仅局限于某一特定的利益相关者，而是涉及企业与各利益相关者如债权人、员工、顾客和供应商等之间的关系。各利益相关者通过契约关系将有形资产（原材料、商品、产品、固定资产等）及无形资产（知识、智力、技术及品牌等）投入企业中，共同推进企业的可持续发展。因此，可以认为任何企业的发展离不开各利益相关者的参与，利益相关者是企业赖以生存和发展的主体。企业是由利益相关者参与的一系列契约的集合。

（二）企业目标是追求利益相关者价值最大化

美国学者克拉克森（Clarkson）认为弗里曼的利益相关者概念过于宽泛，涉及内容过于复杂，于是在1995年引入专用性投资概念，认为利益相关者是指那些在企业中投入实务资本、人力资本、财务资本或一些有价值东西（如品牌、技术、智力等无形资本），并因此而承担了某些形式的风险的"投资者"。李心合（2003）认为，向企业提供了专用性投资并承担经营风险的利益相关者都应该享有企业的剩余索取权和控制权。因此，对每个投资者——各利益相关者而言，由于都是独立平等的主体，都对企业的经营活动做出贡献（如提供资金、提供人力、提供技术等），应该都有平等机会对"企业剩余"享有相应的权益主张，企业的"剩余价值"就应该在利益相关者之间进行分配（张栋，杨淑娥，2005），企业的目标也不在仅仅局限于股东利益最大化，而是各利益相关者价值最大化。

(三) 关注利益相关者将成为未来的公司治理的目标范式

公司治理本质上就是协调各利益相关者在经营过程中的责权利关系（王竹泉，2006）。早期的公司由于业务比较简单、股权比较集中，公司治理主要以股东的单边治理为主。后来，随着技术革命的发生及资本市场的发展，公司治理结构发生变革，形成"经理人—工人—股东"的多边治理结构。近期，知识经济的兴起、网络技术的发展及公司规模的扩大，无形资产及社会外部性对企业冲击力量的增强，迫使企业在进行决策时不得不考虑与企业经营活动紧密相关的债权人、供应商、顾客及政府等利益相关者。将利益相关者纳入公司治理结构，公司就变成了一个由不同利益相关主体的利益冲突和合作的集合体，不仅能有效地弥补"股东至上"治理结构的缺陷，而且能够将企业内外部力量形成一种很好的制衡，提高公司治理绩效。各利益主体通过利益结构表达自己的利益需求，关注企业的短期发展及长期决策，是理想的公司治理模式（许叶枚，2009）。

三、利益相关者理论与智力资产

随着智力资产研究的逐渐深入，智力资产的概念及结构逐步趋于明朗化，智力资产结构涉及企业各个利益相关者，如人力资产涉及管理层与员工能力的表现，关系资产涉及政府、供应商与销售商等社会关系，组织资产则是对内部流程的梳理，大家共同努力为企业带来经济利益。而利益相关者理论本身就强调企业是利益相关者的契约集合，目标是就是价值最大化。智力资产实现目标即要通过其构成维度涉及企业的各个方面，提高人员素质、技术水平，强调相互合作，强调内部过程的顺畅，通过各利益相关者实现，仅仅依靠某一方面无法形成企业的可持续竞争优势。

第三节 动态能力理论：智力资产效用基础

一、动态能力理论的起源与发展

动态能力理论（Dynamic Capability Theory，DCT）是在资源基础理论和核心能力理论的基础上演化而来的。资源基础理论强调内部拥有的特殊性异质资源是企业竞争优势的来源。核心能力理论强调企业所具有的核心能力是保持竞争优势的基础。然而，随着外部市场环境的动态变化（如技术创新的加剧、消费者需求的转变、经济全球化等），企业原有竞争优势的可持续性水平降低，由此对传统理论产生了挑战。尤其是当外部环境产生剧烈变动时，环境不确定性增加及个人决策也具有局限性的情况下，任何企业原有竞争优势会逐渐减低或者丧失，其能够保持竞争优势的周期将逐渐缩短，仅仅依靠原有的资源和核心能力将无法保持其长期竞争优势。基于此，必须将企业置于动态变化环境中来讨论，以便将外部动态环境与内部资源结合起来，制定相应的战略。由此，动态能力理论的雏形逐渐形成。随后，学者们也开始从理论上来阐述动态理论，如 Teece & Pisano（1994）在《The Dynamic Capability of Firms: An Introduction》中提出动态能力概念；Avcin（1994）在《超越竞争》一书中阐述了动态能力的整体框架；Collins（1994）提出动态能力就是企业在适应外界动态变化过程中形成的能力；动态理论的概念及内容逐步完善，直到 Teece 等（1997）发表的《Dynamic Capability and Strategic Management》中系统阐述了动态能力，首次提出"动态能力理论"，并且形成了动态能力分析框架,对动态环境下企业竞争优势的研究具有里程碑意义。其后,还有诸多中外学者对动态能力理论进行进一步的丰富和发展,有探讨动态能力概念的(Zollo & Winter, 1999; Subba & Narasimba, 2001; 黄江圳, 谭力文, 2002)、有研究动态能力构成及特征的(Eisenhard & Martin, 2000; 耿帅等, 2004; 张韬, 2009),还有探讨动态能力作用的(Christoph Zott, 2002; 黄俊等, 2006; 曹红军、赵剑波, 2008)。虽然上述研究的侧重点不同,但是这些都是对动态能力理论的丰富与延伸,为企业在动态环境下培育竞争优势指明了方向。

二、动态能力理论的主要内容

(一)动态能力的内涵

从发展的角度而言,动态能力理论的发展是经历了一定的过程。早期诸多学者也都集中讨论在动态能力的定义,其中与动态能力相类似的概念有"整合能力(Integrative capability)""组合能力(combinative capabilities)""组织能力(organization competence)"等,具体如表2-1所示:

表2-1　　　　　　　　动态能力定义

学者(年份)	观点
Teece等(1997)	是企业重构内外部的胜任力
Helfat(1997)	是动态环境下创造新产品与新过程的能力
Eisenhardt & Martin(2000)	是企业对新资源进行组织的能力
Griffith & Harvey(2001)	是对新资源配置获取的能力
Lee等(2002)	是企业面对环境变化所能够产生新更新的能力
Zollo & Winter(2002)	是一种稳定的学习能力
Zahra & George(2002)	是面对市场变化能够重新调配企业资源基础的能力

续表

学者（年份）	观点
Winter（2003）	是改变或者创造营运能力的能力
Pavlou & El Sawy（2006）	是应对动态环境的重构能力
Helfat 等（2007）	是创造或者改变资源基础的能力
Teece（2007）	面对动态环境整合、重构企业资源能力
Barreto（2010）	当感知机会或者威胁时，能够及时制定决策、改变资源基础及系统解决问题的能力

资料来源：作者依据相关文献整理。

由表 2-1 可知，虽然定义各不相同，存在一定的分歧，但是也有共同点，即动态能力的基本思想都是在企业面临着外部的动态环境，为了保持自身的竞争优势和核心竞争力，满足日益变化的市场需求，企业调整和重构内部资源和外部资源形成持续竞争力的一种弹性能力。之后，随着学术研究的进一步深入，学者们将动态能力理论分为三种学派：动态资源基础学派、知识整合学派及能力演化学派。动力资源基础学派认为动态基础理论是资源基础观与市场基础观的交集，提出如果企业拥有不可模仿的稀缺资源，那么通过创造性的整合就能够获得持续的竞争优势；知识整合学派以石油公司为研究对象，认为动态能力是将核心技术与实物资产整合创新的能力，且该能力能够对市场变化做出反应；能力演化学派认为动态能力是嵌入公司的流程，能够反映公司能力与市场动态的演化机制。虽然三种理论侧重点各异，但都从理论上验证了前述动态能力的基本思想，同时也进一步延伸了动态能力对企业竞争优势的直接或者间接作用。

（二）动态能力理论的特征

动态能力理论作为理论呈现，具有区别于其他理论的特征，主要表现在：

第一，具有开拓性。动态能力理论兼具资源基础理论与核心能力理论的特征，但更倾向于核心能力特征，即动态能力是在创新上具有开拓性，尤其在外部环境动态变化时，动态能力强调建立开拓性的学习能力，形成企业的持续竞争优势。

第二，具有开放性。由上述定义可知，动态能力理论是在面对市场动态变化的过程中而产生的，其主要功能是为了保持自身的竞争优势，对企业内外部资源进行整合与创造。在整合的过程中，必须与外部环境进行沟通与协调，为了最大化的发挥资源效应，必须与资源的各方利益相关者保持良好沟通。因此，开放性是资源基础理论与动态能力理论的最大区别。资源基础理论强调内部资源的价值创造，动态能力理论强调面对外部动态环境，如何更好地协调外部利益相关者，取得战略目标的最大化实现。

第三，具有复杂性与难以复制性。动态能力贯穿于企业整个创新与价值创造流程中，而企业流程是个系统的复合体。同时由于各个企业流程的制定与实施要依赖各种利益相关者，如管理层的战略决策、内部员工的支持与实施，外部利益相关者的配合与契约履行等，只有这些因素的共同作用才能充分发挥企业动态动力的效用，创造企业长期的可持续竞争优势。然而，这些因素具有难以复制性，很难找到完全相同的结构与构成。

（三）动态能力理论的基本观点

第一，动态能力理论强调短期竞争优势。在外界不断变化的动态复杂环境中，企业所拥有的任何竞争优势都将是短暂的，只有不断地进行能力的开发和创新，才能使企业克服原有的能力局限，以资源的动态整合及不断创新获得新的竞争优势。

第二，动态能力理论强调快速创新与实时反应。企业竞争优势在于，面向未来调整现状，有效地快速创新。通过动力机制、学习机制和匹配机制分别为创新提供原动力、来源和方向。动态能力既注重资源与能力的内部积累,也强调构建从外部获取资源和能力的特殊能力。

第三,动态能力理论强调企业的网络性组织特征及资源与能力的整合与调适是企业获取竞争优势的必要条件,而非充分条件。它强调在动态环境中,企业本身的异质性资源优势已经减弱或者丧失,只有企业具有稳定良性的网络组织,将其战略决策运用到合理恰当的网络型组织流程中,才能产生新的竞争优势点,为企业创造超额利润。

三、动态能力理论与智力资产效用

动态能力理论认为动态能力包括对外界环境变化的感知力、对已有资源进行重新配置的整合力及创新力。

首先,感知力能够促使企业发现所面临的机会及风险,促进智力资产作用的发挥,增强企业智力资产的转移与流动。如一方面通过监测市场和技术的变化趋势,推动企业资源的调整;另一方面将搜集到的市场情报融入战略决策流程中,将外部信息转化成内部信息,促进企业提供独特的产品或者服务。

其次,整合能力涉及企业所拥有的各类资源,使内部资源能够契合外部动态环境的变化。整合包括是对内部不同人员进行重新分配、对内部财务、物力使用流程进行重新规划及技术进行合理配置。实质上这种整合就是协同企业所拥有的资源,促进企业智力资产共享,充分利用智力资产,使企业各部门流程顺畅,促进离散智力组织化,激活智力资产效用潜能,实现企业战略目标,获取竞争优势。

最后,动态能力中的创新力是通过对企业所拥有的内外智力资产进整合和利用,进而获得新的技术、流程与服务。一般情况下,内部的抽象智力资产很难转化成资本,但是当企业面临威胁时，创新力能够唤醒沉睡的智力资产，催生出新的技术、产品与服务。此外，创新力还能够积极地开展公共关系，获取利益相关者的支持，提高流程质量和效率，促进新的智力资产增量的产生，并使得智力资产的价值创造效应更具适应性与诉求性，进而提升企业在市场中的话语权。

第四节 协同演化理论：智力资产效用产生机理

一、协同演化理论的发展及主要内容

早期协同演化是作为自然界的一种现象来研究的，生物学家 Enrlich & Raven 于 1964 年首次提出"协同演化（Co-evolution）"的概念，认为协同演化是两种物种在演化过程中的相互适应作用的过程。随后，该概念逐渐应用到其他非生物学领域，如社会学、经济学及管理学中。Norgaard（1994）第一次将协同演化运用到社会文化及生态经济领域，他认为人类的物质、思想与相应的价值观均与周边的非人类环境是相互作用、相互交织的。Moore（1996）认为企业是在与其所处的动态丰富环境进行协同演化。McKelvey（1997）研究了组织的适应性，强调了组织成长与动态环境的协同演化性。Eisenhard & Galunic（2000）研究了新时代企业协同演化的经过，结果表明协同演化更易发生在联盟网络内部。Lewin & Carrol（2003）研究了新组织的形成，认为新组织形成的外部竞争环境、企业目标与环境制度是协同演化的结果。Murmann（2003）通过建立协同演化模型对德国印染业研究表明，企业竞争优势是组织适应力和战略选择相互作用的结果。Harringtong & Cheng（2005）探讨了顾客和企业之间的协

同效应,即顾客不断寻找新产品与企业提供新产品之间的协同演化。Wilson & Hynes(2009)通过对英国新鲜农产品研究发现,企业中不仅仅存在协同演化效应,还包括其他效应。国内对协同演化效应的研究集中在企业战略、技术创新与产品发展等方面。潘安成(2006)论述了协同演化是企业持续增长的动力,是组织适应性与战略环境选择的协同演化结果。李文华和韩福荣(2004)研究了计算机软硬件种群之间的协同演化规律。余菲菲和张阳(2008)研究了公司战略与业务战略之间的协同演化。蔡宁和潘松挺(2008)以海正药业为研究对象,分析探讨了网络关系强度与技术创新模式的协同演化。梁嘉骅等(2009)将协同演化思想与生态学结合,建立了产业集群协同效应模型,在此模型的基础上,探讨企业内部稳定性的动态演变过程。纵观已有研究可知,早期对协同演化的研究集中在定义与概念上,后来的研究融入了系统论、博弈论与生态学内容,目前主要将协同演化思想运用到企业管理、经济发展与技术创新等方面,并构建了相应的理论模型,基本建立了完善的理论体系。

二、协同演化理论的主要内容

(一)协同演化含义

最早认为"协同演化"是物种在一定程度上的相互作用(Ehrlich & Raven,1964),当运用到社会学及经济学领域后,学者认为协同演化不再是简单的"协同"了,更是"演化"了,即相互影响的各因素之间是可以演化的(Norgaard,1985);协同演化是双方共同改变的图景(Hodgson,2002)。还有理论学者认为,协同演化不是并行发展,而是双方必须拥有改变对方的双向因果关系,且该关系必须具有适应性特征(Murman,2003)。Jouhtio(2006)则直接认为协同演化是发生在至少两个或多个相互依赖的物种上的持续变化,该持续变化时相互促进、相互交织与适应。由此可见,虽然不同学者对协同演化的理解不同,但都有共同点:一是至少有两个"物种";二是相互之间必须相互依赖或者具有相互作用;三是可以有适应性地相互演化。

(二) 协同演化理论的特征

由上述论述可知,协同演化具有如下特征:

1. "物种"主体具有双向或者多向因果关系

协同演化理论的核心就是主体间具有双向或者多向因果关系,这是与单因素决定的最大区别。该理论强调了主体双方或者多方存在着双向的因果关系,尤其在一个复杂的关系系统中,互动者一方可能与其他多个互动者互为因果关系。正是这种复杂双因果关系的存在,导致演化会波及在所有互动群体中,并通过直接或者间接的互动与其他系统产生联系。因此,协同演化过程中无法区别决定性变量和非决定性变量。

2. 多层次性与非线性

协同演化理论认为协同不仅仅发生在同一层次中,还可能发生在不同层级之间,既包括在微观主体内部的协同演化,又包括微观主体与宏观环境的协同演化。同时由于协同演化是一个交互嵌套的行为,各要素之间的协同演化存在着复杂的交互影响,不具有线性关系。另外,在相互作用过程中,各主体所拥有的知识和能力是不确定的,且其层级之间也存在着相互反馈,协同演化作为一系列反馈路径的结果,该演化方式难以预料。因此,协同演化的确定结果呈现出不确定性。

3. 正反馈效应与路径依赖

正反馈作为协同演化理论的重要特征,其能够促使各层级的协同演化效果更加明显。作为互动的双方,任何一方的变动都会反馈到自身引起变动,正反馈是一种正向变动,使双方影响不断扩大,造成系统的不稳定,进而偏离稳定状态。实际上,正是由于存在正反馈机制,在系统协同演化过程中才会出现微小变动促进加速发展,从而产生创造创新,进而改变系统结构。路径依赖是紧密联系正反馈的,是一个具有正反馈机制的体系,其受非线性及偶然事件的影响。理论上,当上述影响被系统接受采用的话,系统可能就会按照一条固定的路径演化下去,通过正反馈,即形成了"难以逆转的趋势"。路径依赖的形成与协同演化过程中的时间因素相关,即从不好的路径到好的路径需要时间。因此,协同演化过程具有一定的滞后性。

三、协同演化与智力资产作用机理

企业是一个复杂的生态系统,其不仅包括物质资产,还包括能够产生长期竞争优势的智力资产。而前文已经详述了本书研究的智力资产包括人力资产、结构资产及关系资产,这三者内部之间也具有协同效应,只有三者相互融合与促进,才能促进智力资产中知识的有效传递与吸收,从而优化智力资产。如通过招聘高层次人才,提升人力资产;同时由于高层次人才具有先进的管理经验与能力,能够促进组织结构的优化,提升效率;也向外界传递了企业正处于良好发展势头的信息,优化关系资本,三种资产通过协同效应进而整体提升智力资产。

随市场化竞争的加剧,仅仅依靠某个企业自己去实现某些战略目标将非常困难,企业间的智力资产合作将成为一种新的互惠共赢模式。智力资产本身所有的协同性将有助于相关知识与信息的转移,从而形成企业外部智力资产协同演化效应,推动个体智力资产的优化。

综上所述,无论是经济学的资源基础理论和动态能力理论,还是管理学的利益相关者理论和协同演化理论,单一的理论基础都无法全面系统地解释企业智力资产与技术创新两者之间的演化路径。因此,将这四个理论联系起来,资源基础理论是智力资产的内涵基础;利益相关者理论是智力资产结构基础,动态能力理论是智力资产效用基础,协同演化理论是智力资产效用作用机理。四个理论并非传统的并列关系,而是依次深入递进关系,即首先用资源基础理论阐述了研究智力资产的内涵;然后运用利益相关者论述智力资产的复杂性;接着,运用动态能力理论阐述了智力资产的效用,即在目前外界环境动态变化的情况下,智力资产能力发挥价值创造作用;最后运用协同效应理论说明智力资产效用是如何作用于企业的,为后续研究智力资产与技术创新的演化提供了坚实的理论基础。

本章小结

本章主要从资源基础理论、利益相关者理论、动态能力理论及协同演化理论探寻了智力资产与技术创新演化的逻辑理论基础。

资源基础理论认为企业是可控资源的集合体,特殊的异质性资源是企业竞争优势的来源,不完全模仿性是企业持续竞争优势的保证,恰当的组织模式可以帮助企业充分利用其资源与能力最大限度地实现竞争优势。智力资产作为企业重要无形资产之一,属于企业可控的重要异质性资源,由于其形成具有因果模糊性及社会复杂性,致使其具有不完全模仿性。

利益相关者理论认为智力资产结构涉及企业各个利益相关者,如人力资产涉及管理层与员工能力的表现,关系资产涉及政府、供应商与销售商等社会关系,组织资产则是对内部流程的梳理，大家共同努力为企业带来经济利益。而利益相关者理论本身就强调企业是利益相关者的契约集合，目标是就是价值最大化。智力资产实现目标即要通过其构成维度涉及企业的各个方面，提高人员素质、技术水平，强调相互合作，强调内部过程的顺畅，通过各利益相关者实现仅仅依靠某一方面无法形成的企业可持续竞争优势。

动态能力理论认为当外部环境处于动态环境时，智力资产效用能够得到最大限度的激发与利用，促进企业内部资源整合与创新，催生出新的技术与产品，提高组织流程效率，改善公共关系，获取更多利益相关者的支持，促进新的智力资产增量的产生，并使得智力资产的价值创造效应更具适应性与诉求性，进而提升企业在市场中的话语权。

协同演化理论是企业智力资产效用机理发挥的基础，认为智力资产包括人力资产、结构资产及关系资产，这三者内部之间也具有协同效应，只有三者相互融合与促进，才能促进智力资产中知识的有效传递与吸收，从而优化智力资产。如通过招聘高层次人才，提升人力资产；同时由于高层次人才具有先进的管理经验与能力，能够促进组织结构的优化，提升效率；也向外界也传递了企业正处于良好发展势头的信息，优化关系资本，三种资产通过协同效应进而整体提升智力资产。随着市场化竞争的加剧，仅仅依靠某个企业自己去实现某些战略目标将非常困难，企业间的智力资产合作将成为一种新的互惠共赢模式。智力资产本身所有的协同性将有助于相关知识与信息的转移，从而形成企业外部智力资产协同演化效应，推动个体智力资产的优化。

第三章

智力资产与技术创新作用机理研究

智力资产能够促进企业技术创新的提升已经成为共识,两者之间的作用机理到底如何?已有学者对此做了研究,到目前为止尚未达成一致意见。实际上,只要采用合适的基础理论,就能够厘清两者之间的作用机理,为后续研究奠定基础。因此,本章在结合第二章理论框架的基础上,重点运用协同演化理论剖析两者之间的作用机理。

第一节 企业生态系统论

企业生态系统是逐渐发展的,其发展过程涉及如何界定企业、企业缘起及现代企业面临的外部环境,只有从历史的角度来看待这些问题,才能真正解释后续的企业生态系统结构。

一、企业的定义

企业定义一直是西方经济学派关注的重点,不同的理论学派都基于学派观点来对"企业"进行定义。具体观点如表3-1所示:

表3-1　　　　　　　　企业的代表性定义

经济学派/学者	观点
新古典经济学	是产品的提供者
凡勃仑	企业是一种制度
康芒斯	企业是一种经济组织或者有组织的"运营机构"
科斯	市场或者价格机制的替代物
威廉姆逊	一组契约的联结,存在命令和权威关系,是一种交易保障机制
德姆塞茨及阿尔钦	是对团队产出进行监督、计量和定价的契约安排
哈特和格罗斯曼	一种不完备契约,由物质资产的专用性导致的
周其仁和张维迎	一种不完备契约,由人力资本的特殊性造成的
马格林	资本主义工厂、资本家对工人剥削的工具
皮特里斯	执行生产、分配及交换的经济单位

资料来源:作者依据相关文献整理。

企业是早期企业理论的核心概念,由于派别的差异,对"企业"的定义也各有差异。如新古典经济学派认为"企业是产品的提供者",企业是微观经济主体——厂商。该观点简单、未考虑社会条件,无法分析企业内外部利益相关者的关系,尤其对于为什么厂商会存在缺乏解释的依据。另外,由于新古典经济学隐含的很多前提假设如完全竞争市场、交易零成本及人的完全理性等与现实不符,因此,其界定的企业就缺乏现实性。凡勃仑的企业"制度论"源于存在对制度的理解，由于不能区分经济基础和上层建筑制度概念而统一划分为制度的断定是存在局限性的。康芒斯的定义延伸了企业的存在形式，强调了有组织的运营，可以协调个人之间的利益冲突。科斯是新制度学派的代表，其对企业的界定划分了市场和企业的边界，即企业内组织生产与市场组织生产所发生的交易费用相等时的均衡点，于是产生了交易费用学派和产权学派。威廉姆逊的观点从契约关系入手来认识企业的性质，将企业契约与市场契约安排区别开来，认为完整的企业定义可以归纳为：契约关系必须是各当事人自愿协商的，且内部存在权威关系，其目的是为了维护交易关系和节约交易费用。德姆塞茨和阿尔钦的"企业论"注重权利安排，认为企业契约与市场契约之所以有区别，就是团队生产造成的，这种团队生产就是集团的代理人。哈特和格罗斯曼认为企业和市场的区别就是契约的完备程度差异。市场可认为是一种完备契约，企业是一种不完备契约，这种不完备性主要是由物质资产的专用性造成的。中国学者周其仁和张维迎也从企业是不完备契约入手研究，发现企业的不完备是由人力资本造成的。马格林和皮特里斯属于激进经济学的代表，对"企业"的定义不同，马格林的企业定义强调了生产关系的剥削性；而皮特里斯的定义则侧重于改善效率方面的作用。

由此可见，无论哪种学派哪种观点，"企业"的定义都有其时代特征和历史的局限性。对于"企业"的定义可借鉴已有观点，结合现实市场环境，当前经济环境下"企业"应该界定为：企业是内部具有分工协作的团队，通过劳动交换而生产商品或者提供劳务的契约经济组织。

二、企业的起源与发展

企业是组织的一种存在模式，企业形态各式各样，但是其一般都是从简单到复杂、从一维到多维、从平面到立体的发展历程。众所周知，随着外部环境尤其是技术环境的变化，企业的组织结构也呈现出不同特征，由早期的工厂型企业、股份制公司、跨国集团逐渐发展为"智能网络化"系统。

（一）工厂型企业

早期的工厂型企业是工业1.0时代（即18世纪60年代之后）的产物，此时劳动分工逐现，工厂的所有者与管理者有一人兼任，不存在委托—代理关系，是典型的直线指挥。所有的资源主要依靠物质资源，企业利润来源主要依靠剩余价值的实现。此阶段仅仅认为企业是一个实体，至于其本身到底是何性质，还尚未涉及。

（二）股份制公司

股份制公司的出现是规模经济和专业分工的产物，始于19世纪的后期，即工业2.0时代。这时的企业中存在着各种非正式组织，且这些非正式组织具有相互协作的关系。层级之间作用不同、权限不同，企业内部各非正式组织具有不同的组合，形成了直线智能型、事业部型及控股型等结构形式。此阶段的学者主要侧重于研究纵向组织的有效性问题，较少关注横向协调的效率问题，更尚未充分考虑到外部环境问题。

（三）跨国集团

该组织模式的出现是伴随着工业3.0时代的，此时也称为"信息化时代"，经济发展全球化日益全面。组织形式更加复杂，组织结构更具有开放性、整体性与外部适应性。整个企业的地域性与控制力已经跨越了国界，且组织内部层次性更加明显，各个区域或者事业部内部都是一个系统。企业的发展与各子组织和环境紧密相连，出现了矩阵组织等组织形态，内部出现了决策与管理的分权。

(四)"智能网络化"系统

"智能+网络化"是工业4.0的核心特征,此时外部环境动态多变,不确定性程度加大,企业实质上就成了智能工厂。同时由于智能化与网络化的嵌入,企业资源的配置效率提升,生产的合作化效能也得到充分利用,系统间自我管理能力增强,对外部环境适应性与协调性逐步稳定,完全实现了"无为而治"的管理模式,与外部各利益相关者实现良好的互动与发展。该组织形态初步向文化管理阶段迈进,网络组织与平台组织等显现。

网络型组织是基于市场与企业之间的一种新型组织形式,是现代企业的重要特征。它具有如下优点:一是协同效应,企业各个节点通过网络相互连接,节省了成本,产生了 $1+1>2$ 的互动整体效益,提升了企业的整体系统价值;二是共享效应,企业内部的各节点部门可以共享信息和学习,实现利益共享;三是实现规模经济,由于其交易成本较低,又能实现协同效应,那么整体企业就会具有较强的市场竞争力,进而能够引领企业价值创造;四是组织柔性化,网络关系的精益与灵活是企业内部各节点实现柔性运作的基础。

随着新经济及市场化水平的逐步完善,平台组织已成为当前重要的经济组织形式之一,有各独立企业参与的企业间平台,也有企业内部的平台。一般而言,无论哪种平台都具有网络效应、协同效应、减低交易成本等作用。因为平台具有双边性,一边用户数量增加带来另一边的同样增加;平台的跨网及兼容共享效应,提升了生态系统的效率,为协同创新提供了基础;市场信息的不对称是一直存在的,平台组织的供需博弈缓解了信息桎梏,减少了交易环节,降低了交易成本。

综上所述,企业的发展是伴随着外部环境而发展变化的,每种企业存在形式都具有其环境特征与现实适应性,在特定外部环境下，企业组织形态的创新与选择都是为了形成企业稳定的生态系统，促进企业核心竞争力的实现。

三、企业生态系统结构

外部科技环境的变化尤其是工业 4.0 时代环境改变了企业的组织关系，要求企业必须构建新的生态系统结构，以满足不同利益相关者的需求。依据目前环境和企业存在形式，企业生态系统构建需要涉及哲学、生态学及相关思想的运用。在这三种思想的指导下，构建新的生态系统结构。

（一）企业生态系统构建思想基础

1. 自然哲学思想

自然哲学的思想大多数来源于《道德经》，从其生存哲学来看，企业的生态系统源于"朴散为器"，即系统内各成员忠于组织，"重死而不愿徙"，对企业生态系统具有高度的认同感、忠诚感及黏性。各成员存在着朴素的网络关系，且各自都拥有核心的生存能力。当企业生态系统扩张时，能够将其扩张后的成员与组织自动纳入，实现各利益相关者的互利与共生，最终实现企业整体的共赢。系统内部各组织单元之间的横向、纵向联系目标一致，横向各成员为了实现资源和收益共享而专注于企业系统核心能力建设；纵向各成员能够自我管理，共同分担责任，共同提升企业系统的创新能力，认同企业"无为而治"的组织文化，进而促进整个系统的进化。

2. 自然仿生思想

该思想源于生态系统的进化，认为各种生物、群里部落及无机环境通过物质与能量的循环运动形成一个统一的整体。生态系统是不断演化变迁的，任何生物都不可能在自然界独立生存，演化过程并非完全的"物竞天择"，同时还存在合作与利他行为。

企业生态系统也类似于生物生态系统。首先，存在着多样化的生态系统成员，即各利益相关者。各生态系统成员虽然功能与作用不同，但都是不可或缺的，相互之间是合作与共生关系；其次，企业生态系统成员存在着水平与垂直两种结构，水平结构是企业功能相同但定位不同的各成员之间的关系；垂直结构是各利益相关者之间的供需结构关系，具有功能互补，相互配合的关系。最后，企业生态系统是一个动态层级结构，由于价值链作用的不同而导致的层级差异，需要考虑到相互之间的协同问题。

3. 共享思想

共享经济是工业4.0时代的新型经济形态，是一种合作生产与消费的经济模式。该种经济模式具有跨时空资源配置优势，降低了信息不对称，交易双方都能获得"占有"策略。共享个人可以通过互联网实现人、物及产品的无缝共享。企业边界趋于模糊，以B2B商业模式呈现的新型企业生态系统逐渐形成。首先，由于存在标准化的界面，各系统成员能够在统一流程中共享资源与利益。其次，共享经济环境下，企业生态系统不再追逐与产权一体化或者规模效应，而是专注于核心能力培育，将企业能力归核化。最后，系统各利益相关者合成一体，无论是竞争者还是合作者，只要依据规则或者合同经营，都会由竞争者转变为合作者。

面对高度不确定的外部环境，自然哲学思想、自然仿生思想及共享思想在企业生态系统上的应用与渗透，能够从根本上指导新型企业生态系统的构建，呈现出结构特征。

（二）企业生态系统的结构特征

1. 具有核心竞争力

企业生态系统的生态性决定了要想长期稳定发展，必须有其核心竞争力，且该核心能力的建立是长期不断演化积累的过程。除此之外，系统的共享性就要求其有一定的规模，具有反应迅速、高效的价值链结构,用来匹配不断变化的外部环境。

2. 企业内外部结合

企业生态系统必须与外界环境紧密结合,具有一定的社会性(Wattal等,2010)。当各子系统参与价值创造时,系统之间的资源与信息壁垒都通过程序、资金等予以打通。同时,各子系统对于外界知识与信息的汲取与吸收也相互促进与融合,实现内外部的动态集成,不仅达到系统内资源的优化配置,而且能够对外部资源进行调控,实现系统内外资源的互通,共同实现企业战略。

3. 各子系统分工协作及动静结合

企业生态系统的中的每个子系统都有既定的功能,同时也有自己独立的价值网络体系和目标。在整体系统中,为了实现既定目标,各子系统可能会相互促进,动静结合,实现企业系统价值链的全方位自组织管理,加快资源配置与调配的速度。

(三) 企业生态系统的具体架构

基于以上论述,我们认为新的企业生态系统如图3-1所示:

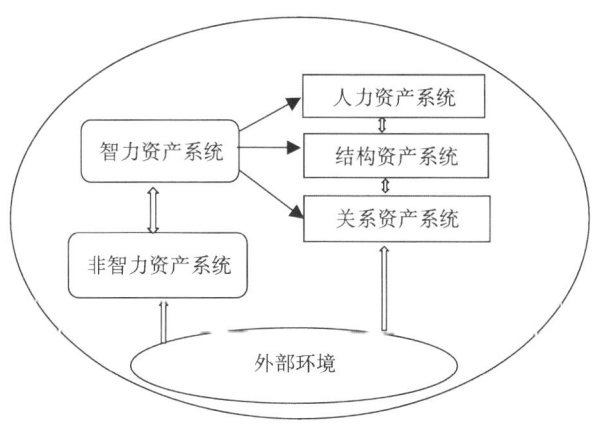

图3-1　企业生态系统构成图

企业生态系统是不断演变的，与子系统各利益相关者相互作用，完善现有流程和组织关系，实现与外部动态环境的匹配，突破现有结构系统，采用创新战略，实现更高一级的企业生态系统循环上升。

第二节　技术创新理论基础及经济后果

在市场环境动态变化中，企业生态系统更高级别的循环上升和可持续竞争力的保持将越来越依靠企业创新。创新，尤其是技术创新也将能够使独立企业在市场竞争环境立于不败之地，保持其应有的话语权。因此，系统梳理技术创新思想的发展历程、驱动因素及相应指标的衡量，有利于后续协同演化机理的研究。

一、技术创新理论思想发展

（一）马克思《资本论》技术创新思想

马克思虽然从未使用过"技术创新"一词，但是在其《资本论》中以哲学的视角精辟地阐述过技术创新的过程，提出企业要想获得更多的剩余价值，必须"采用新的生产方法、劳动资料的变革等"（黄德胜，2014），其实质就是"变革生产过程的技术条件及生产方式"的方法。这种技术创新思想的雏形也正是熊彼特所称之创新的一种方式——"创造性破坏"。该技术创新思想认为技术创新的主体是人，主要包括资本家（企业家）、工人、国家和职业创新者。由于当时社会环境的特殊性，大多数企业家是身兼数职的，既是企业的管理者又是创新的主导者；工人身处生产一线，在工作过程中不断实现"小改进"及推广应用，形成技术创新的主体；国家作为技术创新主体是马克思技术创新思想的特色,认为国家或者政府才能够出台相应的政策和维护良好的环境为促进技术创新,将各类技术创新主体有效地结合起来,实现技术创新与经济发展的良性互动;职业创新者是专门利用技术创新增加财富的科学创新人才。另外,该思想还将技术创新看作是科学技术的不断进步与积累过程,是自然社会不断递进发展的诱因(张彦文,2017)。

(二) 西方产业组织技术创新思想

该思想典型的代表是熊彼特(1942,1950)关于市场结构对技术创新影响的研究,认为在市场经济条件下,大企业的研究组织是技术创新的主体,提出了著名的熊彼特假说:企业规模越大,技术创新就越有效率。其后,相关方面的研究集中于企业规模、市场结构及技术创新的关系,结论也呈现出正相关(Horowitz, 1962; Hamberg, 1964; Comanor, 1967; Galbraith; 1972; Freeman, 1974)、负相关(Scherer, 1965; Mansfield, 1968; Bound, 1984; Crème & Scherer, 1984)两种截然相反的观点。后来随着新产业组织理论的兴起,实证检验中逐渐开始注重产业特性(如市场需求、技术机会及可专用性条件等)、市场力量及替代效应或者惯性效应,技术创新研究逐渐开阔,思想得到了较快发展。20世纪80年代以后,经济学家们开始进一步对创新的时间选择、先占专利[①]、新技术的运用策略、网络效应等问题进行研究,丰富了技术创新思想的内容。

(三) 中国特色技术创新思想

科技创新是一直是中国提升国际竞争力的重要基础,早在1989年,政府就已经提出"依靠科技力量,开发新技术……"1999年再次明确指出"努力发展高新技术产业,加快形成……

---

① 先占专利是指通过专利竞赛获得的替代产品的新技术专利。

科技创新体系",由此可见,中国领导层已逐渐认识到技术创新的重要性,21世纪科技创新将成为经济发展的主导力量。具有中国特色的技术创新思想在企业中逐渐得到推广,认识到技术创新体系的形成将成为企业获得持续发展的动力。目前在新时代中国特色经济条件下,加快创新国家建设成为首要任务,习总书记多次强调自主创新的重要性,企业也已加大技术创新投入,弯道超车,采用"非对称"战略[①],为掌握更多国际话语权而努力。此"非对称"创新思想认为,首先要立足自主创新与加强基础研究;其次要做好顶层设计,把现实与需要、短期与长远结合考虑,超前部署,才能掌控高点与主动权;再次要坚持赶超和突破,加大投入,争取实现主导和参与国际准则的制定;最后积极开展国家合作创新,用国际资源实现自主创新目标。因此,非对称创新思想构成了当前技术创新思想体系的重要部分,是新时代特色创新的核心思想,为企业技术创新指明了方向。

二、技术创新的动因

技术创新动因就是促使企业创新的原因,即产生技术创新的需求。目前研究认为技术创新动因有三方面:一是动力机制方面;二是创新激励;三是创新动力系统,具体内容如下:

(一)技术创新动力机制

关于技术创新动力机制的研究最早起源于国外,如经典的技术推动论、需求拉动论、技术—市场双重驱动论、政府启动论、企业家创新偏好驱动轮等理论。中国学者从外在动力与内部动力

---

① "非对称"主要是相对于"对称"而言,主要是指对于处于弱势地位的挑战者,生存的最佳方式就是摆脱领先者的竞争局势,积极创造更利于自己生存与发展的局势。具体详细的阐述见《非对称创新战略的内涵实质与理论诠释》(陈元志与华斌,2018)一文,该文对该技术创新思想进行了详细的阐述。

两方面来阐述，认为企业技术创新的内外部存在着相互影响的关系。其中外部动力包括技术推动发展、市场竞争、政府诱导和牵引及需求拉引（李雷军，2007；王娜，2009），内部动力包括企业家的精神、利益驱动、成长需要等（张刚，1998；冯晓莉，2005）。另外，还有一些学者从其他角度探讨创新动力机制，如创新主体动机、利益实现方式（陈巧玲，2006）、企业创新动力的供需平衡（王少君，2007）等。

自主创新是一种特殊的创新，等同于内生创新，是企业的自发行为。相关学者通过对相关动力因素评分发现，自主创新的动力要素主要包括市场需求、技术优势、企业领导、员工的创造力及政府政策（李垣，2007）。更有学者比较分析政府、市场、企业和社会四种动力机制，提出了火箭式自主创新动力机制①。孙冰（2007）认为利益驱动是自主创新的核心，企业家精神对利益驱动具有启动作用，直接驱动主体创新。李刚（2008）则认为技术创新的动力是企业家创新精神主导、知识产权激励、政府激励及市场激励等方面共同作用的结果。

（二）创新激励

Cohen & Levinthal（1989）研究发现，企业创新动机背后有两种力量：一是营利性激励；另一种是先占性激励。营利性激励又称为"利润激励"，是指投入资源进行研发，成功后会增加利润，一般适用于单项决策；先占性激励又被解释为"竞争威胁"，即当一个企业发现竞争对手在进行研发，那么自己就会感觉到威胁，由此也会增加研发（Schumpeter，1939，Dasgupta & Maskin，1986；Cohen & Levinthal，1990；Arrow，1962）。中国学

---

① 火箭式自主创新机制是以企业技术为基础，市场和社会两种机制为两翼，政府技术为导向的一种类似于火箭形状的自主创新机制。

者也分别从定性与定量角度进行了研究，有学者认为产权（李时椿，2001）、有效的制度安排（杜伟，2001）、利益激励（欧阳新年，2004）及创新扩散激励机制（赵维双，2007）等是企业技术创新的动因。

（三）创新动力系统

此种动因研究是对创新动力的系统构成要素进行研究，国外学者研究发现企业家导向（Miller & Friesen，1982；Kevin，2005）、决策者（Wilfried Stockmain，1994）、企业管理制度（Carl，2002）、企业文化（Horst Abacb，2001）及市场因素（David，2005）是企业技术创新的动力系统构成要素。国内学者分别从要素构成和创新动力系统作用关系两方面来研究，其中徐维祥（2002）认为市场需求、创新能力、国家政策、创新能力等因素构成创新动力要素；王彬彬（2006）则将自主创新动力分为构成要素（如资金、人力、市场等）及环境要素（政策、国际竞争等）；闫俊强（2007）则建立了自主创新动力模型，指出促进自主创新实现的是社会文化、外在动力及内在动力。孙冰（2003）将动力系统分为外部子系统与内部子系统，运用自组织理论剖析了相互转化机制；冯波（2005）将创新动力系统划分为原动力、运动力和环境动力三种系统，构建了鼠笼模型和开放圆周式模型[①]，详细阐述了各层要素动力之间的耦合关系；另有学者运用协同原理构建了创新动力系统，认为企业内部的自动力、外部环境推动及文化系统共同组成创新原始动力（李柏洲和董媛媛，2009）。

企业技术创新动因详细阐述了何种要素推动或者促进了创

---

① 鼠笼动力模型与开放圆周式动力模型。详见孙冰（2010）的《技术创新动因研究综述》一文。

新,这对于目前中国"创新驱动"战略具有很好的借鉴与指导意义。理论上,只有厘清了企业技术创新的动因,才能在实际决策中做到有的放矢,实现创新战略目标。

三、技术创新的衡量及经济后果

技术创新是创新模式的核心,能够驱动经济增长,提高生产效率,节约劳动成本,降低产品生产成本,提高产品附加值,提升企业核心竞争力,实现企业的可持续发展(Dosi,1988;张璋等,2018)。如前所述,企业技术创新思想由来已久,各种因素推动或促进技术创新,各利益相关者也逐步意识到技术创新的优势,都想通过技术创新或获取市场优势或取得超额利润或增加企业价值。那么,对企业技术创新如何进行衡量?技术创新取得何种经济效果,国内外学者进行了如下研究。

(一)技术创新的衡量

由于驱动技术创新的因素较多,进而衡量技术创新的角度也不同,有从投入角度来衡量,也有从产出角度来研究,更有从创新效率与能力等综合角度来研究的。同时由于创新模式可分为渐进式创新与突破性创新,创新表现形态也不同。因此,对于技术创新的衡量指标并没有绝对,而是依据其表现形式来衡量。

1. 投入角度

研发活动是企业从事创新活动的基础,研发活动所发生的支出常常用来衡量技术创新水平,既可用绝对指标,又可用相对指标。虽然研发支出并不能完全代表企业创新水平,但是至少能够反映出企业对创新活动的支持与重视(Cohen & Levinthal,1990;Hitt 等,1996,1997)。目前关于研发支出的衡量绝对指标主要有每年的 R&D 支出或者平均 R&D 支出、研发人数及资本化支出数;相对指标有研发密度(R&D 密度)或研发强度,以 R&D 的支出数分别与销售收入、净利润、总资产、员工总数、市场价值等相除（Chan 等，2001；Li，2010）。使用研发活动投入类指标虽然比较简单，但是存在一定的局限性：第一，由于 R&D 的投入具有不确定性且研发活动周期相对比较长，数据的获取具有一定的时滞性；第二，由于其在一定程度上属于企业机密信息，所获取数据不一定真实；第三，R&D 支出仅仅是投入，不能保证一定能够获得研发的成功，取得商业上的价值效应。除此之外，有时候也会采用支付的特许费用金额来衡量技术创新，这种衡量主要适用于需要在引进技术的基础上创新，不过现实中用的不多。

2. 产出角度

技术创新的产出主要表现在新产品的数量（Freel，2005；Lee，1995；Goes & Park，1997；Puranam 等，2006；Greve，2003）、新工艺流程所增加的产品数量（Freel，2005；Benner & Tushman，2002；Yap 等，2005）、新产品销售比重（王俊，2013；时乐乐，赵军，2018）及专利数量。其中专利数量是现实研究中使用比较广泛的衡量指标，具体包括专利授权数量、专利申请数量等，在这些总数中由区分为外观专利、实用专利等数据。有学者认为专利权是企业技术创新的结果，相对于投入角度的衡量指标已经将创新过程中的不确定性风险排除了，且与企业未来收益直接挂钩，是比较稳健性的指标，专利权相对于企业其他替代指标更能反映出技术创新能力（Robert，1995）；但是另一部分学者认为，由于专利权以不同呈现形式，造成技术创新的合理表达存在一定的误区，另一方面企业技术创新并非一定是以专利的形式展现，其创造价值的形式可能隐藏在商业运营中，仅仅以专利权数量缺乏可靠性。

除了上述衡量指标外，还有部分学者认为专利权本质上存在一定的异质性,如专利权数量的多少无法捕捉公司技术创新的深度与广度(Trajtenberg 等,1997)及企业技术创新所付出的研发努力程度不同导致各专利权质量不同(Hirschey 等,2001),因此,有学者建议采用专利引用数(Citation)来衡量技术创新,然后依据引用统计数据来评价专利的质量指标。专利权引用次数(Citation)是指一项专利权被后续的专利创新所引用而成为新专利权的基础,一项专利被后续越多的专利权所引用,那么该项专利的质量就高。

3. 综合角度

依据价值链的观点,技术创新存在企业系统的每一个功能构成部分,是企业各子系统利益相关者综合作用的结果,因此,应该采用综合指标来衡量。已有研究发现企业技术创新来源无外乎外部购买或者合作研发及内部执行研发,因此,可以重点将投入与产出结合起来形成综合指标。如综合运用 R&D 支出与专利权核准数(Hall 等,2002;Schoenecker,2002);运用外部创新来源(技术引进、转移及合作)、内部创新来源(研发支出、研发人员数量与质量)、专利权(数量与质量)及新产品与服务(数量、质量、速度与收入)四个构面来衡量技术创新(姚福喜、吕江辉,2008);从选择每家企业的研发投入与销售收入比、专利授权数量和研发人员比例进行合成加权,计算出技术创新综合指标或者从创新投入机制、人才机制和产生机制三方面,运用多元因子分析得到综合指标(邹辉文,2014);运用数据包络分析方法(Data Envelopment Analysis,DEA)、随机前沿生产函数(Stochastic Frontier Analysis,SFA)及绩效指标法创建技术创新效率指标(Li & Atuahene – gima,2001;Jimenez – zarco 等,2006;Wang & Huang,2007;许庆瑞等,2002;单红梅,2002;时鹏将等,2004;王青云、饶扬德,2004;池仁勇、唐根年,

2004；李晓钟、张晓蒂，2005；陈劲、陈钰芬，2006；李威武，2009）；将技术创新的投入与产出进行比较计算出技术创新效率（刘建勇、李晓芳，2018）。虽然研究成果丰富，但目前尚未形成统一结论，且缺乏实证研究检验。有些指标理论上很理想，但是实际缺乏可操作性，与相关科技部门的实务工作脱节。

（二）技术创新的经济后果

技术创新是企业实现可持续发展的主要源泉，能够降低产品生产成本、提高产品质量，带来可持续性的异质性资源，进而创造价值，提升企业品牌价值，促进产生转型升级。

1. 技术创新与企业价值

目前对于技术创新是否能够企业价值研究有三种结论：一是认为技术创新能够促进企业价值提升。Griliches（1981）首次以157家企业为研究对象，发现技术创新能够提升企业价值。其后，众多学者从不同角度阐述了技术创新与企业价值之间的正向关系（Xu等，2007；Charmbers等，2002；Kartick等，2017；郝婷、赵息，2016；李江雁等，2016）。大量研究结果显示，企业技术创新能够获得更多的异质性资源，促进绩效的提升（陆国庆，2011）。同时技术创新作为企业可持续发展的动力基础，有助于利润增长与价值提升（Porter，1990）。技术创新能够开发出难以模仿的产品，抢占新市场，提升市场核心竞争力，提升经营业绩，实现价值最大化（Guth，1990；Stopford，1994；徐欣、唐清泉，2010；陈修德等，2011；李海燕，2017；杨清香、廖甜甜，2017）。环境规制下，能够激发企业技术创新，抑制环境污染。（Lanoie & Stefan，2011；张成等，2011；彭文斌、路江林，2017；张倩等，2018；贺俊等，2019）。技术创新降低了盈余价值相关性，尤其在国有企业中这种关系最为明显。（张璋等，2018）。第二种观点认为技术创新并不能显著地促进企业价值，有时甚至出现负面效应（Mank & Nystrom，2001；Shi，2003；陈修德等，2011；陈海声、卢丹，2011）。第三种观点认为技术创新对企业价值的作用要受企业规模（Connolly & Hirschey，2005）、企业特征（Julio等，2010）、风险投资水平（金永红等，2016）、绩效目标实现情况（严若森等，2016）及资本和人力投资水平（韩先锋、董明放，2017）的影响。三种观点中，大多数研究结论支持第一种观点。

2. 技术创新与品牌价值

理论上，技术创新能够提升企业的技术水平及产品质量，增强产品的美誉度，树立行业品牌效应。早期对技术创新与品牌价值的研究集中在案例分析，认为技术创新是品牌价值的决定性因素。如已有学者以索尼公司为例，研究发现技术创新能够提升品牌价值，是品牌建设的三大支柱之一（Otubanjo & Lim，2012）；以互联网行业为研究对象发现，技术创新是成功创造品牌的重要因素（Helm，2007）；还有以丹麦科技公司、信用合作社为研究对象，结果也证明了技术创新是建立品牌价值的重要因素（Edelstein，2004；Altshuler，2010；Bankston，2006）；企业的品牌价值都是由持续不断的技术创新创造及提升的（夏保华，2001；谢洪明、刘常勇，2003；谢作渺，2006；晓山，2010）。除此之外，还有学者运用实证研究验证技术创新对品牌价值的关系，认为企业的技术创新能力能够向利益相关者传递利好信号，树立行业技术领先形象，提升品牌价值（赵远亮等，2008）；同时，企业技术创新能力强可以不断提升现有产品质量，提升产品的感知，增强顾客的满意度，扩大品牌影响力（Liliya & Veronika，2010；钱爽，2017；Truong等，2014；李巍，2015；唐小飞，2015；王秋红，2017；程江豪、王秋红，2019；李园园等，2019）。在研究区域技术创新与品牌价值方面，也得出了类似的结论，区域技术创新能够显著正向促进品牌价值，且区域间存在异质性（王俊峰、程天云，2012；周焯华等，2014；王分棉、程立茹等，2015）。

3. 技术创新与产业结构升级

产业结构是各产业部门要素的配置结构和方式，其升级受多种因素的影响。技术创新是产业结构升级的核心要素（傅家骥，1998），能够提高资源优化配置（周叔莲、王伟光，2001），改变刺激产生新的"供给效应"产业（Baumol，1967），增强产业之间的联动性，促进产业扩张升级（渠海雷、邓琪，2000）。相关学者也经过实证研究发现，企业技术创新是产业结构升级的关键要素（Ngai & Pissarides，2007；Varum 等，2009；Russu，2015；李杰，2009；龚轶等，2013；付宏等，2013；季良玉，2018），技术创新能显著正向地促进产业结构升级（时乐乐、赵军，2018），且两者存在及时响应（聂高辉等，2018）。技术创新对产业升级的贡献度主要由企业家创业活跃度决定（李胜文等，2016）。技术创新并非单独促进产业技术创新升级，还必须与制度创新协同作用，才能发挥做大效应（赵玉林、谷军健，2018）。

从区域经济学的角度来看，许树辉、谷人旭（2013）研究发现欠发达地区技术创新缺乏是阻碍产业结构升级的重要原因。技术创新具有显著的空间溢出效应，不仅区域金融发展与深化能够显著正向调节技术创新对区域产业升级的作用（陶爱萍、盛蔚，2015；崔安庆等，2018），而且经济聚集能够将技术创新对产业结构升级的合理化正空间效应提升近 4 倍（陶长琪、彭永璋，2017）。由于各区域产业结构的非农化水平及高级化水平存在异质性，因此，技术创新对产业结构转型升级效应也存在差异性（贾仓仓、陈绍友，2018）。另外，技术创新还能够全球价值链升级（赵玉林、高裕，2019）且对于非技术密集型制造业，技术创新活动能够其向技术密集型制造业转变；对于技术密集型制造业，技术创新活动可以实现"高端产业高端化"（凌丹、张小云，2018）。李文龙、章羊（2016）研究了稀土产业技术创新与稀土产业转型升级的作用机理，发现技术创新与稀土产业转型升级呈现螺旋式上升趋势。

由此可见，目前对技术创新已取得了较为丰富的研究成果，技术创新衡量的多角度性及经济后果的多样性都表明：技术创新无论在理论研究上还是经济发展中都已经占据着重要位置，那么对于进一步研究智力资产与技术创新的作用机理势在必行。

第三节　智力资产与技术创新的协同演化机理

智力资产与技术创新的协同动态演化是企业提升核心竞争力的重要途径，也是新时代经济发展的重要推力。然而，由于外部环境变化的动态确定性及复杂性，以往的研究忽视了两者的动态演化机理，即技术创新是由智力资产系统的多方利益相关者共同参与的协同演化过程。因此，利用协同演化模型来深入探讨两者作用机理是非常必要的。

一、协同动态演化模型的建立

由于企业生态系统是复杂的，其主要包括智力资产系统和非智力资产系统。在此，我们只讨论智力资产系统与技术创新的动态演化，因此，暂不考虑非智力资产系统，认为企业生态系统主要依赖智力资产系统，以下研究均是如此假定。

如前所述，企业智力资产系统主要包括人力资产系统、结构资产系统及关系资产系统，都是企业技术创新的参研单位系统，每个参研单位从博弈论的视角出发，都会存在多次的合作博弈与非合作博弈。其主要原因为：一是各参研子系统获取信息的不完全性；二是各参研子系统的有限理性和多次重复性；三是各参研子系统通过学习与修正所采取的最佳策略。为方便研究，将智力资产系统所包含的子系统为设定为 A_i（$i=1,2,3$），它们之间博弈策略集合为 {合作，不合作}。各系统合作实现了智力资产向技术创新的演化，同时也拓展了智力资产与技术创新演化动力的研究，最终实现技术创新的收益。为了更好地建立合作型动态演化模型，我们先做如下假定：

1. 各子系统是可以用相应数据形式进行表达的。

2. 技术创新是可以获得相应的收益的，收益系数设为 K_0，其中 $K_0 > 0$。

3. 各 A_i 子系统均独立发挥作用时，其作用效应为 a_i（$i=1,2,3$）

4. 在整个智力资产作用技术创新过程中，可能存在直接效应和协同效应，直接效应是指 A_i 子系统直接作用技术创新所得到的收益，可以表示为 $K_0 a_i$；协同效用是各子系统通过协同合作，相互作用所产生的"$1+1>2$"的协同效应获得的收益，这种收益取决于各子系统 A_i 的协同配合程度，假定每个 A_i 子系统与另外子系统之间的协同收益系数为 Q_{ij}（$i \neq j$）>1，$Q_{12} = Q_{21}$，那么协同收益就可以表示为 $K_0 a_i Q_{ij}$。

依据以上假设条件，技术创新的各参研智力资产子系统的动态演化博弈矩阵如表 3-2 所示：

表 3-2　　　　　　参研子系统 A_i 的博弈矩阵

参研子系统 \ 收益 \ 策略	合作/不合作		
	A_1	A_2	A_3
A_1	$K_0 a_1$	$K_0 a_1 Q_{12}$	$K_0 a_1 Q_{13}$
A_2	$K_0 a_2 Q_{12}$	$K_0 a_2$	$K_0 a_2 Q_{23}$
A_3	$K_0 a_3 Q_{13}$	$K_0 a_3 Q_{23}$	$K_0 a_3$

智力资产的三个子系统分别为 A_1，A_2，A_3，如果相互之间单独对技术创新产生效应所产生的收益分别为 $K_0 a_1$、$K_0 a_2$ 及 $K_0 a_3$，相互之间协同效应所产生的效益分别为 $K_0 a_2 Q_{12}$、$K_0 a_3 Q_{13}$、$K_0 a_1 Q_{12}$、$K_0 a_3 Q_{23}$、$K_0 a_1 Q_{13}$ 及 $K_0 a_2 Q_{23}$。

二、企业智力资产系统内外部利益相关者协同动态演化博弈分析

由于智力资产子系统涉及内外各利益相关者，且各利益相关者均具有有限理性和相互影响的特点，同时动态博弈肯定受到自身限制及外界环境的影响，一开始各利益相关者不一定立即合作，随着时间的推移不断磨合及学习，最终趋于某个稳定的合作稳定策略。因此，运用已建立动态演化模型来对智力资产内外部的利益相关者进行分析。

智力资产子系统 A_1，A_2，A_3 随机独立地选择合作或者不合作，并在促进技术创新的过程中重复进行博弈。由于子系统也分别包括相应的利益相关者，假定在各子系统中选择合作的利益相关者的比例为 $0 \leq R_i \leq 1$，那么选择不合作策略的比例就为 $(1 - R_i)$。

依据上述博弈矩阵，计算出各子系统中选择合作策略的收益

U_G、不合作策略的收益 U_H 及平均收益 U_A,具体如下:

$$U_G = R_1 (K_0 a_1 Q_{12} + K_0 a_1 Q_{13}) + R_2 (K_0 a_2 Q_{12} + K_0 a_2 Q_{23})$$
$$+ R_3 (K_0 a_3 Q_{13} + K_0 a_3 Q_{23}) \tag{1}$$

$$U_H = (1 - R_1) K_0 a_1 + (1 - R_2) K_0 a_2 + (1 - R_3) K_0 a_3 \tag{2}$$

$$U_A = R_i U_G + (1 - R_i) U_H \quad (i = 1, 2, 3) \tag{3}$$

根据动态复制方程,设备子系统 Ai 选取合作策略的总体比例增长率为 dRi/dt 则确定出复制动态方程为:

$$F(R_1) = dR_1/dt = R_1 (U_G - U_A) \tag{4}$$

$$F(R_2) = dR_2/dt = R_2 (U_G - U_A) \tag{5}$$

$$F(R_3) = dR_3/dt = R_3 (U_G - U_A) \tag{6}$$

将(4)(5)(6)三个等式联立即可确定一个三维动力系统,同时满足方程组的解即为子系统内外部各利益相关者的动态演化平衡点。

上述通过建立复制动态方程可求出动态演化平衡点,但是由于含有较多的参数,结果有可能不能够完全代表整个系统的演化稳定状态,因此可借助雅克比(Jacobim)矩阵来进一步判断演化博弈平衡点的稳定性。雅克比矩阵是将一阶偏导数以一定方式排列的矩阵,通过对该矩阵进行计算即可分析出系统平衡点的局部稳定性,由此可得到各子系统在不同情况下的演化博弈过程。

三、智力资产与技术创新协同演化机理分析

智力资产与技术创新的动态演化实际是智力资产子系统各利益相关者参与技术创新的过程,也是子系统不断演化博弈的过程。因此,借助上述博弈演化模型进行分析,将使作用机理更加明晰化。

(一)智力资产提升技术创新的作用机理

智力资产子系统主要包括人力资产系统、结构资产系统及关

系资产系统。人力资产系统主要是企业员工所拥有的各种知识、技能、素质及工作态度等,涉及的利益相关者有管理层和公司员工;结构资产系统主要包括企业的工作流程、制度及组织结构、版权、知识产权及企业文化等,主要是一些软性资产,涉及的利益相关者主要是内部的管理人员及研发人员;关系资产系统主要指企业的信誉、顾客及供应商关系、研发合作关系等,主要涉及的利益相关者是外部客户、供应商、政府及社会关系人员。依据上述博弈矩阵表3-2及合作策略收益(1)(2)(3)式,当各利益相关者选择合作的比例 $R_i = 1$ 时,整体合作策略的收益才能达到最大。即验证了已有研究结论:当智力资产各子系统共同参与技术创新过程时,才能产生最大收益。

另外,如果将上述合作策略收益(1)(2)(3)三个等式求偏导如下:

$$dU_G/da_1 = R_1 (K_0 Q_{12} + K_0 Q_{13}) \tag{7}$$

$$dU_G/da_2 = R_2 (K_0 Q_{12} + K_0 Q_{23}) \tag{8}$$

$$dU_G/da_3 = R_3 (K_0 Q_{13} + K_0 Q_{23}) \tag{9}$$

由(7)(8)(9)三个公式可知,各子系统都是相互联系且相互配合的,而且还保持着特定关系,具有协同效应。且各子系统必须具备发生作用的存量,如果某子系统严重短缺,就会大大削弱整体智力资产的价值创造能力。然而,这种平衡状态并非稳定的,随着时间的推移,各子系统的增长速度是不一致的,这种暂时性的平衡就会被打破,相互之间的协同效应发生变化。各子系统间就产生了新一轮的调整与修正,即如公式(4)(5)(6)所示,各子系统利益相关者协同作用达到新的平衡点。现实中如人力资产系统通过组织学习来提升、组织资产系统通过构建便捷高速的组织机构及组织流程、关系资产系统积极培育良好的社会关系、顾客关系等,达到新的演化平衡点。

(二) 技术创新系统提升智力资产的作用机理

企业技术创新虽然是智力资产系统作用的结果，但同时由于技术创新的复杂性和综合性，也可视为由各要素组成的技术创新系统。该系统是以知识的吸收能力为核心的（郭峰等，2018），包括外部智力源系统、智力存量系统及技术创新子系统三要素，各要素并不孤立存在且存在着复杂的动态反馈关系。其中，外部智力源系统描述的是动态外部环境对技术创新成果的需求，从外部获取智力的过程；智力存量系统则表示企业通过从外部吸收获取智力，增加智力存量的过程；技术创新子系统则是对外部知识的利用和转化过程，即技术创新投入与产出的过程。三个子系统通过吸收能力连接并进行着动态反馈与演化，如图3-2所示：

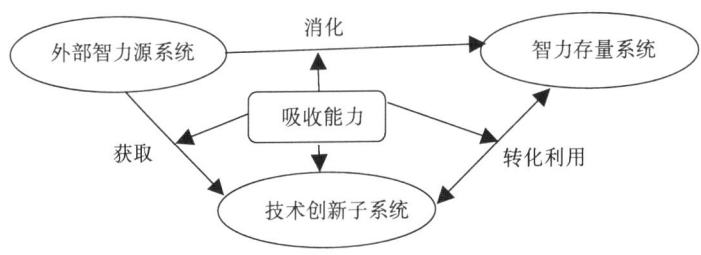

图3-2　技术创新系统作用智力资产

图3-2描述了企业技术创新系统提升智力资产的协同演化机理，各子系统利用吸收能力进行连接，并进行了动态演化：首先，企业根据当前技术创新子系统的现有创新水平及外部动态市场的需求，逐步认识到需要进一步提升技术创新水平，但是由于自身智力资产储备不足，需要外部智力资产市场获取，对外部智力资产市场的获取取决于企业的吸收能力，在外部知识源子系统中形成可以利用的知识储备；其次，企业通过对外部知识源子系统中的智力资产进行吸收与消化，在知识存量子系统

中形成企业可以利用的知识存量；最后，企业对知识存量子系统中的知识进行有效的转换与利用，在技术创新子系统中产出技术创新成果；当技术创新成果形成时，也进一步提升了智力资产存量。

本章小结

本章主要从生态系统论入手，运用动态能力和协同演化理论详细阐述了智力资产与技术创新的作用机理。首先，界定了现代企业的生态系统结构。企业是内部具有分工协作的团队，通过劳动交换而生产商品或者提供劳务的契约经济组织。该组织是伴随着外部环境而发展变化的，每种企业存在形式都具有其环境特征与现实适应性，在特定外部环境下，企业组织形态的创新与选择都是为了形成企业稳定的生态系统，促进企业核心竞争力的实现。目前的企业生态系统是具有内外部结合及各子系统分工协作且随着外部环境不断变化的，以智力资产系统为核心的生态系统。其次，详细阐释了技术创新理论及其经济后果。在市场环境动态变化中，企业生态系统更高级别的循环上升和可持续竞争力的保持将越来越依靠企业创新。那么，技术创新思想不是在某一阶段一蹴而就的，而是在随着外部环境的变化不断发展的。马克思的《资本论》的技术创新思想、西方产业组织的技术创新思想到中国特色技术创新思想，都是企业寻求核心竞争力的重要表现。技术创新的动因不同，但是技术创新是创新模式的核心，能够驱动经济增长，提高生产效率，节约劳动成本，降低产品生产成本，提高产品附加值，提升企业核心竞争力，实现企业的可持续发展是目前统一的认知。企业生态系统的各利益相关者也逐步意识到技术创新的优势,都想通过技术创新增加企业价值、品牌价值及实现产业结构升级。最后,建立了协同动态演化模型和动态能力理论来分析智力资产与企业技术创新的动态演化作用机理。

第四章

外部动态环境、智力资产与企业技术创新

第一节 引言

随着需求多元化及市场竞争激烈化,外部环境变化对企业决策会产生重要影响。外部动态环境主要是指企业所面临的宏观经济环境、行业环境及社会环境等不稳定的复杂变化状态,一般而言,外部环境变化越快,企业面临的环境越不确定。外部环境的不确定性会对企业形成较大压力,促使企业为了保持竞争优势,会倾向于采用先动战略,即企业为了应对不确定的外部动态环境,会努力提高智力资本投资,如引入高层次人才、提升内部流程效率、积极寻求内外部利益相关者的资源及机会的支持,进而推动企业技术创新。

目前我国企业尤其是制造业,经过几十年的发展,规模已达到世界第一,但与发达国家相比,技术创新水平仍存在差距。据恒大研究院相关资料显示:2016 年中国研发强度(R&D 支出/GDP)仅为 2.12%(低于 3% 的标准),且我国的研究主要集中在试验发展阶段(2015 年达到 84%);发明专利是技术创新水平的有用指标,截至 2016 年,全球 972 万件有效发明专利中,美日两国共占 485 万件,中国仅有 124 万件,美日两国的专利主要集中在通信、计算机、半导体、生物技术、医学技术及药物等领域,而中国的主要集中在基础材料、精细材料化学及食品化学等领域。另外,在 2018 全球上市创新企业 1000 强排行榜中,中国仅有 175 家上榜,前 30 名中无中国企业[①]。由此可见,中国企业如何在激烈变化的外部环境中进行技术创新,实现自我突围,获得可持续发展的技术资本,是当前急需解决的问题。已有研究表明,外部环境变化能够促进企业积极实现技术创新;智力资产也能够正向推动企业技术创新,但是理论界对于外部动态环境如何作用于智力资产与技术创新的认知比较模糊,对其影响机理的研究也尚未达成共识。基于此,本书选择"外部动态环境、智力资产与企业技术创新"作为研究对象。

第二节 研究理论与分析假设

(一) 智力资产与技术创新

创新,尤其是技术创新,是 21 世纪市场核心竞争力的来源。

---

① 2018 全球创新企业 1000 强公布!中国有 175 家上榜。https://baijiahao.baidu.com/s?id=16162786065489952566&wfr=spider&for=pc。

如果企业能够紧跟市场，通过技术创新开发新的产品引导市场需求，则企业或许会永立于不败之地。实现技术创新最重要的是人才与相关智力资产的管理。良好的智力资产政策倾斜及培育是企业技术创新的重要保障。一般而言，智力资产对企业技术创新的促进也并非一蹴而就的，而是需要经过一个过程，需要各阶段的协同作用才能发挥作用。如在技术创新的最初阶段，需要研发人员的创意完善、顾客对产品的反馈及供应商信息与资源的支持；技术开发与专利形成阶段，企业智力资产中人力资产就显得尤其重要，研发、工程技术人员及管理人员能够保证技术创新的正常顺利进行，高效的组织程序和流程能够降低研技术创新的负面效应，良好的商业关系能够保证技术创新的资金需求。智力资产的各子系统对技术创新至关重要，并且贯穿于技术创新的各阶段，且各部分必须协同作用方能发挥更好的作用。尤其在企业面临着外部不确定复杂动态环境时，会使企业感到具有较大的市场压力与风险。此时市场上的所有企业都在谋求新的竞争优势，创新创业导向成为社会的主要趋势（张显峰，2016）。基于以上分析，提出如下假设：

H1：智力资产能够正向促进企业技术创新。

H11：人力资产能够对企业技术创新起到显著的促进作用。

H12：结构资产能够对企业技术创新起到显著的促进作用。

H13：关系资产能够对企业技术创新起到显著的创新作用。

（二）行业特征、智力资产与技术创新

已有大量研究都将行业特征当作虚拟变量，或者特意选择某一行业影响来研究智力资产对企业技术创新的影响，此类研究难以全面探讨行业特征的影响，因而也就无法了解不同行业智力资产对技术创新的影响差异及作用机理。实际上，有的企业在智力资产与技术创新培育过程中取得了极大成就，成为行业领导者，如通信设备制造行业中的华为与中兴等企业；然而有的企业在智力资产与技术创新过程中虽然付出了很大的努力，但是仍然在行业发展中受阻。理论上，智力资产的建设是一个长期的过程，技术创新更是一个复杂的过程，不同行业需求与环境都会对结果产生影响。因此，基于以上分析，提出如下假设：

H2：不同行业智力资产与技术创新的作用具有异质性。

（三）外部动态环境、智力资产与技术创新

已有大多数文献都从不同角度论证了智力资产及其不同构成维度对技术创新具有正向促进效应，能够促进企业技术创新（Harrison & Sullivan, 2000; Stewart, 2003; Subramaniam & Youndt, 2005; Chen 等, 2006; Wu 等, 2007; 蒋天颖等, 2009; 杨晓明等, 2009; 阎海峰等, 2009; 林筠、李随成, 2010; 蒋尹华、王学军, 2012; 马北玲等, 2012; 张慧颖、吕爽, 2014; 周森、李柏洲, 2014; 李辉等, 2015; 曹裕等, 2016; 王朝晖、刘嫦娥, 2017; Seyeon & Sohyung, 2018; 冉秋红、任重, 2012; 吴晓云等, 2016; 田颖, 2018; 张玉喜、赵耀辉, 2017; 刘程军等, 2015; 何悦桐等, 2019），然而，对于外部动态环境如何影响两者，目前尚未有明确的结论。如上所述，外部动态环境虽然假设能够正向影响智力资产，但是对于技术创新的影响尚不能确定。那么，三者又具有什么样的关系呢？

环境是任何企业的生存和发展都要面临的要素之一，市场形式的好坏对企业战略目标的实现存在着显著影响。当市场形势较好时，企业面临的环境不确定性较低，社会资源相对比较稳定充裕，市场信息相对比较透明，企业管理者及各利益相关者能够及时准确地获取所需要的信息，并以此做出有利于自己的决策（杨智等，2010）。此时，技术创新更多的依赖企业长期形成的规模、声誉及产品质量等长期形成的因素，企业管理者能力对技术创新作用相对较弱，技术创新对企业管理者能力的依赖程度不高。更有甚者，由于外界环境的有利性及企业本身的优势，有时根本不需要管理者花费多大精力即可实现企业核心竞争力的稳定上升。当企业面临的环境不确定性较高时，环境的不确定性不仅加剧了企业资源的重要性和稀缺性（李大元，2011），增强了信息的不对称性（Ghosh & Olsen, 2009），而且会导致企业面临决策失败的风险（牛建波、赵静，2012），对企业战略目标实施产生不良影响（申慧慧，2010）。因此，面对不确定市场环境所带来的可能收益及所潜在的风险及成本，利益相关者无法也没有能力进行合理评估，难以做出对自己最有利的决策。此时，依据信号传递原则，利益相关者一般会选择规模较大、信誉较好的企业进行投资或消费。这样，从企业的角度而言，正好解决了企业资源稀缺性问题，提高了企业产品的市场占有率，解决了技术创新的资金问题。

另外，较高的环境不确定性也会影响到企业管理者能力即企业家精神的发扬。当企业面临的环境不确定性较高时，能力强的管理者一般会善于识别与把握机会，充分利用自身的社会资本，发挥其超强的沟通技巧、资源整合能力、信息搜索及处理能力，优化整合现有资源，获取更多的有用信息，提升战略决策的有效性。除此之外，也有证据表明，环境的不确定性越强，越能激发管理层进行技术创新，表现出较强的企业家精神（Miller, 1982; Zahra, 1998; 俞仁智、何洁芳等，2015），增强企业产品的核心竞争力，进而促进技术创新。

由此，外部动态环境、智力资产与技术创新的关系可做如下分析：

第一，中国目前的市场环境是有利于企业进行技术创新的，外部动态环境蕴含了丰富的信息、知识及资源，且具有较高的异质性。同时，从企业角度而言，创新欲望较强，获取外界信息、知识和资源也更加便捷高效。

第二，企业都是为了生存、发展与获取更多经济利益。当外部环境动态变化，企业为了生存下去，就会对内大量招聘人才、优化内部结构，对外与各利益相关者建立联系，及时对新的知识、信息及资源进行共享，联合进行技术创新。

第三，外部动态环境对企业也可能是一次调整战略的机会，可以促使企业增加研发投入，建立良好的研发平台。充足的研发投入一方面可以吸引更多的高端人才，增强企业人力资产，促进技术创新；另一方面还能够购买更先进的固定资产及无形资产，优化组织结构流程，提高效率，提升创新效率；同时，技术创新带来的良好声誉将促进各利益相关者的支持与配合。

因此，基于以上分析，提出研究假设如下：

H3：外部动态环境对智力资产与技术创新的关系具有显著的正向调节作用。

第三节　研究设计

一、样本选择与数据来源

选取2011—2017年沪、深两市交易的A股上市公司为初始研究样本，并按照以下标准进行筛选：（1）剔除了所有ST及PT的上市公司；（2）剔除了所有变量有缺失值的样本；（3）根据中国证监会2012年发布的《上市公司行业分类指引》的行业分类标准，为了研究结果更具有现实应用性，删除了批发业、零售业、住宿业、餐饮业、货币金融服务、资本市场服务、保险业等金融服务业、教育、卫生及文化体育行业、新闻、文化等艺术行业，由于此类行业不具有常识中的智力资产与技术创新作用机理；（4）为了消除极端值的影响，对连续变量处于0—1%和99%—100%之间的样本进行了Winsorize处理；（5）按照上述标准，最终得到了符合条件的2022个样本观测值。企业技术创新来自Wind数据库，环境不确定性数据是采用国泰安（CSMAR）下载数据经手工计算获得，智力资产数据是依据国泰安（CS-MAR）数据库中的相关数据计算而来。数据处理采用Stata14.0统计软件。

二、涉及变量的解释与定义

（一）被解释变量

目前学术界对企业技术创新能力的衡量，主要有不同的衡量指标，归纳来看主要有三种：技术创新投入类指标、技术创新产出类指标及技术创新效率类指标。投入类指标反映了企业研发过程中的投入的人财物，大多数学者采用R&D的资金投入和R&D的人员投入（周艳菊、邹飞等，2014；马瑞超、张鹏，2013；李晓钟、张小蒂，2008；Simonen & McCann，2008）；产出类指标反映企业技术创新的产出，一般用企业的专利情况（李光泗、沈坤荣，2013；温成玉、刘志新，2011；陈钰芬、陈劲，2009；Tebaldi & Elmslie，2013；Furman等，2002；Acs等，2002）或者新产品数量或产值（李长青、周伟铎等，2014；王华、赖明勇等，2010；Liu & Buck，2007）来衡量；技术创新效率包括两种：研发效率指标和Malmquist生产率（张海洋，2010；袁礼、王林辉，2011）。研发效率指标是相对数，即通过专利产出效率或者新产品产出效率来衡量（吴延兵，2014；李长青、周伟铎等，2014）；Malmquist生产率指数可以分解为"技术效率指数"

和"技术创新指数",反映企业的技术追赶及创新效应。

由于各类指标都存在一定的局限性,如很多企业的研发投入往往都是低效或无效的(Segerstrom,1990;张海洋,2010);不同的专利技术含量差别很大(Griliches,1990)或新产品不一定是技术创新形成的,因此,为了能够更加准确反映企业的技术创新能力,得出更为稳健性的结论,本书采取技术创新产出及技术创新效率两类指标对企业的技术创新能力进行评价。其中技术创新产出主要从专利情况和新产品产出数量来考察,由于企业新产品数量数据获取的局限性,本章采用企业的专利情况来衡量技术创新产出。对于企业专利情况,有专利申请数、专利公开量、专利授权量。专利还分为发明专利、实用新型专利和外观设计专利三种,为了降低变量之间的相关性和重复计算性,本书采用专利申请数考察企业技术创新产出;技术创新效率采取技术创新专利(申请量、公开量)的产出/研发费用来考察企业技术创新状况。

(二) 解释变量

智力资产增值系数法是使用较为广泛的智力资产评价方法,本书亦使用此法测度智力资产,它的核心思想是智力资产本身不能创造价值,需要依附财务资产共同协作生产价值。故而企业价值增值(VA)是由财务资产(CE)和智力资产(IE)共同完成的,分别考察两者增值效率得到财务资产增值率(CEE)、智力资产增值率(ICE),两者增值效率之和就是智力资产增值系数(VAIC)。Edivisson 最初提出的模型将智力资产分为人力资产和结构资产,本书将企业内外部结构资产分别作为组织资产(OC)和关系资产(RC)。这样智力资产增值率(VAIC)= 财务资产增值率(CEE)+ 人力资产增值率(HCE)+ 组织资产增值率(OCE)+ 关系资产增值率(RCE)。解释变量是智力资产,本书用 VAIC、CEE、HCE、OCE、REC 五个指标作为智力资产替代变量。

(三) 调节变量

外部动态环境主要表现在环境的不确定性，而环境不确定最终将引起企业核心业务的波动，进而导致销售收入产生波动。因此，借鉴陈和凯斯纳 (Cheng & Kesner, 1997)、申慧慧等 (2010, 2012) 及李胜楠等 (2015) 用销售收入标准差来衡量环境不确定性。为了剔除行业的影响，采用过去 5 年销售收入标准差并经行业调整后的值来衡量公司的环境不确定性 (Ghosh & Olsen, 2009)。具体计算过程如下：首先，为了更准确地衡量环境的不确定性，需要将公司稳定增长的销售收入予以剔除，于是采用 OLS 运行模型 (1) 计算公司过去 5 年的非正常销售收入。其中，Sale 为销售收入；Year 为年度变量，如果观测值是当前年度，则 Year = 5，观测值为上一年则 Year = 4，依次递减，如果观测值是过去第 4 年的，则 Year = 1。模型 (1) 的回归残差即为非正常销售收入。其次，过去 5 年非正常销售收入的标准差与过去销售收入的平均值的比值即为未经行业调整的环境不确定性。再次，将同一年度同一行业的未经行业调整的环境不确定性中位数确定为行业环境不确定性。最后，将各公司未经行业调整的环境不确定性除以行业环境不确定性，就得到经行业调整后的环境不确定性，即为所需要的环境不确定性 (EU)。

$$Sale = \varphi_0 + \varphi_1 Year + \varepsilon \qquad (1)$$

(四) 控制变量

为了控制其他可能的影响因素以得到更真实的结果，本书借鉴已有的研究成果，选取的控制变量为企业规模 (Size)、企业上市年限 (Listy) 和资本结构 (Lev) 及企业成长性 (Growth)。将其中，资产规模的大小影响企业智力资本与技术创新，作为控制变量，这里用总资产的对数来衡量资产规模 (Size)，不同企业运用负债的能力是不同的，我们用资产负债率表示财务杠杆比率来衡量。主要研究变量如表 4-1 所示：

表 4-1　　　　　　　主要变量定义及说明

变量类型	变量名称	符号	定义及说明
被解释变量	技术创新	Innova	（上市企业每年发布的专利权数量 +1）取对数
解释变量	智力资产	VAIC	运用智力资产增值系数法计算，将企业内外部结构资产分别作为组织资产（OC）和关系资产（RC）。智力资产增值率（VAIC）= 财务资产增值率（CEE）+ 人力资产增值率（HCE）+ 组织资产增值率（OCE）+ 关系资产增值率（RCE）
	人力资产	HCE	价值增值/支付给职工的工资及福利
	结构资产	OCE	价值增值/管理费用
	关系资产	RCE	价值增值/销售费用
调节变量	外部环境动态变化	EU	经行业中位数调整后的企业过去 5 年销售收入的标准差
控制变量	企业规模	Size	企业资产总额取自然对数
	财务杠杆	Lev	资产负债率 = 负债总额/资产总额
	上市年限	Listy	企业从上市到 2017 年底的年限
	企业成长性	Growth	营业收入增长率
	行业哑变量	Industry	总共 9 个行业，设置 8 个哑变量
	年度哑变量	$\sum$ Year	总共 6 个年度，设置 5 个年度哑变量

三、模型设计

为了考察外部不确定的动态环境下智力资产对技术创新的影响，构建了如下基本模型：

$$\text{Innovation} = \alpha_0 + \alpha_1 \text{VAIC} + \alpha_2 \text{Control} + \delta \tag{2}$$

$$\text{Innovation} = \lambda_0 + \lambda_1 \text{VAIC} + \lambda_2 \text{EU} \times \text{VAIC} + \lambda_3 \text{EU} + \lambda_4 \text{Control} + \varpi \tag{3}$$

其中模型（2）用来验证 H1、H11、H12、H13 及 H2，当 α_1 显著为正时，说明 H1 成立，后续分别用 VAIC 的各构成维度验证 H11、H12、H13，如果各系数显著为正，说明子假设也成立；对于假设 H2 将前述全样本按照行业分类分别检验，验证假设是否成立；模型（3）用来验证 H3。

第四节 实证检验与分析

一、描述性统计分析

（一）行业分布

对最终有效的 2022 份研究样本进行分析发现，其分布涉及的行业达到大类的 9 种，研究样本中制造业多达 1630 个研究样本，占总研究样本比例 80.61%，其次是信息传输、软件和信息服务业，研究样本为 219 个，占比 10.83%，然后是建筑业 52 个研究样本，占比 2.39%，采矿业（B）类 35 个研究样本，占总研究样本比例为 1.61%，农、林、牧、渔业（A）类 24 个研究样本，占总研究样本比例为 1.1%，最后剩下的研究样本分布相对比较分散，所占的比重也相对比较小，具体如表 4-2 所示。

进一步对制造业大类进行分析，如表4-3所示。可以看出，制造业内部行业众多，在1630个研究样本中，计算机、通信和其他电子设备制造业（C39）所占样本为277个，占比16.99%，其次是电气机械和器材制造业（C38）样本200个，占比12.27%，然后是专用设备制造业（C35）样本为185个，占比11.35%，医药制造业（C27）样本为154个，占比9.45%，化学原料和化学制品制造业（C26）样本154个，占比9.45%，其他制造业样本分布相对比较分散，所占比重都低于5%。

表4-2　　　　　　　　　　样本行业分布情况

行业名称（代码）	样本个数（个）	样本百分比（%）
农、林、牧、渔业（A）	24	1.1
采矿业（B）	35	1.61
制造业（C）	1630	80.61
电力、热力生产和供应业（D）	12	0.55
建筑业（E）	52	2.39
信息传输、软件和信息服务业（I）	219	10.83
房地产业（K）	8	0.40
科学研究与技术服务业（M）	19	0.94
水利、环境和环境治理业（N）	23	1.14
合计	2022	100

资料来源：作者对研究样本分析得出。

表4-3　　　　　　　　　制造业大类内部行业分布

行业名称（代码）	样本个数（个）	样本百分比（%）
农副食品加工业（C13）	28	1.72
食品制造业（C14）	24	1.47
酒、饮料和精制茶制造业（C15）	10	0.61
纺织业（C17）	15	0.92

续表

行业名称（代码）	样本个数（个）	样本百分比（％）
纺织服装、服饰业（C18）	41	2.52
皮革、皮毛、羽毛及其制品和制鞋业（C19）	5	0.31
木材加工和木、竹、藤、棕、草制品业（C20）	8	0.49
家具制造业（C21）	5	0.31
造纸和纸制品业（C22）	10	0.61
印刷和记录媒介复制业（C23）	7	0.43
文教、工美、体育和娱乐用品制造业（C24）	12	0.74
化学原料和化学制品制造业（C26）	154	9.45
医药制造业（C27）	154	9.45
化学纤维制造业（C28）	16	0.98
橡胶和塑料制品业（C29）	64	3.93
非金属矿物制品业（C30）	69	4.23
有色金属冶炼和压延加工业（C32）	56	3.44
金属制品业（C33）	42	2.58
通用设备制造业（C34）	119	7.30
专用设备制造业（C35）	185	11.35
汽车制造业（C36）	72	4.42
铁路、船舶、航空航天和其他运输设备制造业（C37）	10	0.61
电气机械和器材制造业（C38）	200	12.27
计算机、通信和其他电子设备制造业（C39）	277	16.99
仪表仪器制造业（C40）	36	2.21
其他制造业（C41）	6	0.37
废弃资源综合利用业（C42）	5	0.31
合计	1630	

资料来源：作者对研究样本分析得出。

(二) 主要解释变量的描述性统计

表4-4是智力资产变量描述性统计，表中智力资产（VAIC）、人力资产（HCE）、结构资产（OCE）及关系资产（RCE）的平均数分别为11.10、1.991、2.343及6.611，标准差分别为10.98、1.064、1.268及10.26，中位数分别为8.489、1.803、2.180及3.671。数据的平均数都大于中位数，除了显示研究样本呈现整体样本的右偏之外，没有发现研究样本数据存有明显的异常。

表4-4 智力资产变量的描述性统计分析

变量名称	样本数	平均数	标准差	最小值	P25	中位数	P75	最大值
VAIC	2022	11.10	10.98	-4.059	5.994	8.489	12.23	84.08
HCE	2022	1.991	1.064	-1.207	1.372	1.803	2.487	6
OCE	2022	2.343	1.268	-0.972	1.561	2.180	2.958	6.927
RCE	2022	6.611	10.26	-2.232	2.072	3.671	6.754	77.67

资料来源：作者对研究样本分析得出。

(三) 全样本混合描述性统计

表4-5是混合样本变量描述性统计结果，可以看出，专利权数量取对数（Innova）的均值和中位数分别为4.126和4.111，两者相差不大，说明该样本技术创新分布比较平稳，基本符合理想的正态分布。标准差1.266，最小值与最大值分别为0.693和7.587，这也表明研究样本的技术创新能力呈现一定的个体差异。智力资产（VAIC）、人力资产（HCE）、结构资产（OCE）及关系资产（RCE）的平均数分别为11.10、1.991、2.343及6.611，标准差分别为10.98、1.064、1.268及10.26，中位数分别为8.489、1.803、2.180及3.671，最小值与最大值相差比较大，说明该研究样本的智力资产变量数据整体呈现右偏的正态分布。环境不确定

性（EU）的均值和中位数分别为 1.364 和 1.070，标准差为 1.228，最小值和最大值分别为 0.0128 和 14.12，差异比较明显，表明不同的样本上市公司外部经营环境的不确定性存在较大差异。

控制变量中，企业规模（Size）的均值和中位数分别为 21.62 和 21.46，中位数低于均值但两者比较接近，说明研究样本的企业规模分布整体上基本呈现正态分布，最小值为 20.08，最大值为 26.22，两者相差较大，这表明研究样本企业规模还是存在一定的个体差异性的。财务杠杆（Lev）的均值为 0.324，中位数为 0.301，两者非常接近，这表明大多数上市公司的负债水平基本与平均水平持平，最小值为 0.0438，最大值为 0.782，表明研究样本中负债水平呈现较大的差异性。企业成长性指标营业收入增长率（Growth）的均值是 0.327，中位数为 0.166，最小值为 -0.54，最大值为 2.918，标准差 0.573，说明研究样本的营业收入增长率呈现较大的差异性，具体如表 4-5 所示。

表 4-5　　全样本变量描述性统计分析

变量名称	样本数	平均数	标准差	最小值	P25	中位数	P75	最大值
Innova	2022	4.126	1.266	0.693	3.367	4.111	4.920	7.587
VAIC	2022	11.10	10.98	-4.059	5.994	8.489	12.23	84.08
HCE	2022	1.991	1.064	-1.207	1.372	1.803	2.487	6
OCE	2022	2.343	1.268	-0.972	1.561	2.180	2.958	6.927
RCE	2022	6.611	10.26	-2.232	2.072	3.671	6.754	77.67
EU	2022	1.364	1.228	0.0128	0.621	1.070	1.667	14.12
Size	2022	21.62	1.003	20.08	20.94	21.46	22.06	26.22
Lev	2022	0.324	0.172	0.0438	0.185	0.301	0.435	0.782
Growth	2022	0.327	0.573	-0.540	0.0004	0.166	0.465	2.918
Listy	2022	6.822	1.455	2	6	7	7	10

二、相关性分析

表 4-6 报告了主要研究变量的 Person 相关性分析结果。由表 4-6 可知，智力资产（VAIC）与技术创新（Innova）在 5% 的水平上显著正相关，这与预期相符，表明企业智力资产能够显著促进企业技术创新；其次，智力资产的三个子系统维度都在不同的显著水平上与技术创新（Innova）正相关。控制变量中企业规模（Size）、财务杠杆（Lev）及公司上市年限都与企业的技术创新水平在 1% 的水平上呈现出显著的正相关关系。应该注意的是，由于相关系数的检验并没有控制其他可能影响的因素，仅仅是初步检验相互之间是否具有严重的多重共线性，具体变量间的关系有待后面的多元回归进一步检验。另外，各主要变量之间的相关系数都在 0.8 以下，说明各变量间的多重共线性影响并不明显，但并不排除相互之间存在一定的多重共线性。在后续研究中需要对各主要变量的方差膨胀因子（VIF）值进行检验。

表 4-6　　　　主要变量相关系数检验表

变量名称	Innova	VAIC	HCE	OCE	RCE	Size	Lev	EU	Growth
Innova	1								
VAIC	0.0340**	1							
HCE	0.044**	0.339***	1						
OCE	0.014	0.403***	0.631***	1					
RCE	0.041*	0.480***	0.173***	0.233***	1				
Size	0.291***	0.318***	0.061**	0.171***	0.313***	1			
Lev	0.178***	0.076**	0.225***	0.133***	0.123***	0.535***	1		
EU	-0.011*	0.034	-0.023**	0.076**	0.048**	0.035**	0.099***	1	
Growth	0.008	0.003	0.062***	0.037*	0.008	0.020	0.007	0.099***	1
Listy	0.058***	0.006	0.103***	0.052**	0.025	0.199***	0.154**	0.121***	0.006

注：***、**、* 分别表示在 1%、5% 及 10% 水平上显著，灰色块表示负数。

三、回归结果及分析

(一) 全样本回归结果

表 4-7 分别报告了智力资产及其子系统维度分别对企业技术创新影响的全样本回归结果。从结果可以看出,第(1)(2)(3)(4)列中在没有任何控制变量的情况下,结果显示:智力资产(VAIC)、人力资产(HCE)、结构资产(OCE)及关系资产(RCE)与企业技术创新的回归系数分别为 0.0036、0.0638、0.0049 及 0.053,t 值为 2.98、2.43、2.10 及 2.34(都至少在5%的水平上显著正相关);第(5)(6)(7)(8)列是在控制年度变量影响的基础上,报告了智力资产及其子系统维度与企业技术创新回归系数分别为 0.0024、0.054、0.0279 及 0.0008,t 值分别为 2.71、3.41、1.98 及 2.22(都至少在5%的水平上显著正相关),调整后 R^2 由 0.1013、0.1033、0.1005、0.1020 增加至 0.1674、0.1723、0.1677 及 0.1671。回归结果表明,智力资产及其子系统对企业技术创新的提升都能够起到显著的正向作用,由此,假设 H1、H11、H12、H13 得到验证。控制变量中企业规模(Size)的回归系数分别为 0.3326、0.3552、0.3371 及 0.3263,t 值分别为 7.82、8.50、8.00 及 7.83,都在1%的水平上显著正相关。营业收入增长率(Growth)的回归系数分别为 0.1356、0.1527、0.1353 及 0.1357,t 值分别为 2.92、3.34、2.91 及 2.91,且都在 1% 水平上的显著正相关,说明企业规模的大小、营业收入的增长都会对企业技术创新产生显著的正向作用。财务杠杆(Lev)及上市年限都与技术创新正相关,但不显著。由此,假设 H1 得到验证。除此之外,在多元回归之后,还进行了 VIF 检验及 White 异方差检验,VIF 检验结果表明,各变量的取值均小于 2,依据诊断标准,VIF 值均不超过

10，说明本书构建的检验模型不存在严重的多重共线性。然而，经 White 检验后发现，用于验证假设的各个回归模型都存在一定程度的异方差，为解决模型中的异方差问题，提高研究变量参数估计的精确度，本书参考陈强（2014）的异方差处理方法，采用"OLS+稳健标准误"方法进行了处理，具体如表 4-7 所示。

表 4-7　　全样本智力资产与技术创新回归结果

变量	Innova (1)	Innova (2)	Innova (3)	Innova (4)	Innova (5)	Innova (6)	Innova (7)	Innova (8)
VAIC	0.0036 *** (2.98)				0.0024 *** (2.71)			
HCE		0.0638 ** (2.43)				0.054 *** (3.41)		
OCE			0.0049 ** (2.10)				0.0279 ** (1.98)	
RCE				0.053 ** (2.34)				0.0008 ** (2.22)
Size					0.3326 *** (7.82)	0.3552 *** (8.50)	0.3371 *** (8.00)	0.3263 *** (7.83)
Lev					0.2889 (1.54)	0.1016 (0.52)	0.2488 (1.29)	0.3103 * (1.67)
Growth					0.1356 *** (2.92)	0.1527 *** (3.34)	0.1353 *** (2.91)	0.1357 *** (2.91)
Listy					0.0203 (1.08)	0.0143 (0.76)	0.0195 (1.04)	0.0212 (1.13)
_cons	2.3619 *** (12.11)	2.4769 *** (11.58)	2.3845 *** (11.66)	2.3644 *** (12.22)	5.1250 *** (-5.65)	5.4142 *** (-6.13)	5.1621 *** (-5.82)	5.0210 *** (-5.62)
Year	控制	控制	控制	控制	控制	控制	控制	控制

续表

变量	Innova (1)	Innova (2)	Innova (3)	Innova (4)	Innova (5)	Innova (6)	Innova (7)	Innova (8)
Industry	控制	控制	控制	控制	控制	控制	控制	控制
N	2022	2022	2022	2022	2022	2022	2022	2022
Adj - R^2	0.1013	0.1033	0.1005	0.1020	0.1674	0.1723	0.1677	0.1671
F 值	19.4230 ***	18.9898 ***	18.8036 ***	19.7508 ***	22.1971 ***	22.2520 ***	21.9508 ***	22.3370 ***

注：***、**、* 分别表示对应的回归系数在1%、5%及10%的显著性水平上通过检验，括号内为经过 White 异方差调整后的 t 值。上述所有解释及控制变量的方差膨胀因子（VIF）都明显小于10。

（二）分行业回归结果及分析

鉴于技术创新具有行业异质性，不同行业的企业可能智力资产对技术创新的影响会产生差异，因此，将研究样本按照制造业与非制造业分组回归。

表4-8报告了行业特征、智力资产与技术创新的多元回归结果。第（1）（2）（3）（4）列是制造业样本的回归结果，结果显示：智力资产及子系统维度对企业技术创新的回归系数（T值）分别为0.0099（2.70）、0.1421（4.78）、0.0662（2.69）及0.0074（1.89），均具有显著的正向促进作用。控制变量中企业规模（Size）与营业收入增长率也都与品牌价值在1%水平上的显著正相关，说明在制造业中，企业规模的大小和营业收入增长率都对技术创新有非常显著的正向促进作用。而在非制造业中，虽然智力资产及其子系统各维度对企业技术创新的回归系数（T值）分别为0.0129（2.52）、0.1452（2.24）、0.1345（2.21）及0.0131（2.46），均在5%的显著水平上正相关，但是其控制变量均对技术创新有影响，但不显著，说明非制造行业的技术创新主要依赖于企业所拥有的智力资产。这也和现实情况

相符，衡量互联网及高科技行业的技术创新主要是智力资产的存量与变动量，和企业规模与营业收入增长率关系不显著。由此，H2假设得到验证，具体结果如表4-8所示。

表4-8　　　　　　制造业与非制造业分组回归结果

变量名称	制造业				非制造业			
	(1)	(2)	(3)	(4)	(5)	(6)	(7)	(8)
VAIC	0.0099***				0.0129**			
	(2.70)				(2.52)			
HCE		0.1421***				0.1452**		
		(4.78)				(2.24)		
OCE			0.0662***				0.1345**	
			(2.69)				(2.21)	
RCE				0.0074*				0.0131**
				(1.89)				(2.46)
Size	0.4065***	0.4348***	0.4142***	0.3947***	0.1082	0.1810**	0.1458	0.1148
	(8.97)	(9.45)	(8.98)	(8.78)	(1.24)	(2.08)	(1.60)	(1.34)
Lev	0.0673	-0.1804	0.0037	0.1330	0.4172	0.5739	0.5798	0.3874
	(0.34)	(-0.87)	(0.02)	(0.68)	(0.91)	(1.20)	(1.20)	(0.84)
Growth	0.1379**	0.1680**	0.1380**	0.1370**	0.0725	0.0513	0.0719	0.0750
	(2.30)	(2.90)	(2.30)	(2.28)	(0.99)	(0.68)	(0.98)	(1.02)
Listy	0.0312	0.0231	0.0302	0.0330	0.0073	-0.0023	0.0011	0.0048
	(1.55)	(1.16)	(1.51)	(1.64)	(0.15)	(-0.05)	(0.02)	(0.10)
Year	控制	控制	控制	控制	控制	控制	控制	控制
N	1630	1630	1630	1630	392	392	392	392
Adj-R^2	0.1243	0.1332	0.1243	0.1221	0.1748	0.1678	0.1701	0.1735
F	21.2089***	23.1955***	20.8019***	20.6722***	8.2034***	7.4736***	7.7387***	8.1169***

注：***、**、* 分别表示对应的回归系数在1%、5%及10%的显著性水平上通过检验，括号内为经过White异方差调整后的t值。上述所有解释及控制变量的方差膨胀因子（VIF）都明显小于10。

(三) 外部动态环境的调节作用

表4-9报告了外部动态环境对智力资产与技术创新的调节作用，结果发现，智力资产对技术创新的正向作用有些减弱，外部动态环境对技术创新的回归系数为-0.0382（-1.99）、-0.0457（-2.10）、-0.0509（-2.31）及-0.0391（-2.38），说明在外部动态环境与企业技术创新呈现显著负相关，可能的原因是目前中国的企业还处于发展期，还没有强大到外界动态环境不确定程度越高时企业技术创新能力越强的阶段，外界环境的动态不确定性会抑制企业的技术创新。智力资产及各子系统维度的交乘项（EU×VAIC、EU×HCE、EU×OCE、EU×RCE）的回归系数分别为-0.0503（-2.11）、-0.0529（-2.37）、-0.0551（-2.51）及-0.0422（-1.81），此项详细明确的列示了外界动态环境对智力资产与技术创新具有显著的负向削弱作用。控制变量中企业规模（Size）与营业收入增长率（Growth）都至少在1%的显著性水平上对企业技术创新具有促进作用。由此，假设H3不成立，即外部动态环境不稳定性越高，对智力资产与技术创新的抑制作用越显著。

表4-9 外部动态环境 智力资产与技术创新回归结果

变量	（1）	（2）	（3）	（4）
VAIC	0.0008* (1.83)			
HCE		0.0811* (1.93)		
OCE			0.0253** (1.97)	
RCE				0.0006* (1.78)

续表

变量	(1)	(2)	(3)	(4)
EU	-0.0382**	-0.0457**	-0.0509**	-0.0391**
	(-1.99)	(-2.10)	(-2.31)	(-2.38)
EU×VAIC	-0.0503**			
	(-2.11)			
EU×HCE		-0.0529**		
		(-2.37)		
EU×OCE			-0.0551**	
			(-2.51)	
EU×RCE				-0.0422*
				(-1.81)
Size	0.3277***	0.3543***	0.3360***	0.3224***
	(7.70)	(8.52)	(8.01)	(7.74)
Lev	0.3050	0.1543	0.2810	0.3227*
	(1.61)	(0.79)	(1.45)	(1.72)
Growth	0.1423***	0.1638***	0.1476***	0.1427***
	(3.03)	(3.54)	(3.15)	(3.02)
Listy	0.0248	0.0201	0.0246	0.0254
	(1.33)	(1.08)	(1.33)	(1.36)
	(5.00)	(5.14)	(4.95)	(5.09)
_cons	-5.0475***	-5.4269***	-5.1550***	-4.9542***
	(-5.61)	(-6.20)	(-5.85)	(-5.58)
Year	控制	控制	控制	控制
Industry	控制	控制	控制	控制
N	2022	2022	2022	2022
Adj-R^2	0.1700	0.1756	0.1711	0.1691
F	20.9797***	20.5789***	20.4181***	20.9809***

注：***、**、*分别表示对应的回归系数在1%、5%及10%的显著性水平上通过检验，括号内为经过White异方差调整后的t值。上述所有解释及控制变量的方差膨胀因子（VIF）都明显小于10。

第五节 进一步研究及稳健性检验

一、进一步研究

（一）外部动态环境与智力资产

智力资产系统与外界环境紧密相连，外部的动态环境不确定性会直接影响企业的智力资产。

第一，对人力资产的影响。外部环境的动态变化迫使企业不断提升员工素质，充分挖掘现有人才潜力，引入高素质人才、优化人力资本配置，促进企业对外部知识的学习能力。同时外部环境的不确定性也促使企业不断搜寻新的智力知识，包括相应的文化知识、技术知识及市场知识等，从而使现有人力资产水平得到进一步提升。已有研究也表明外部的环境对人力资本具有促进作用，能够促进人力资本的提升（Messersmith & Wales，2013；贾建峰等，2013；Van 等，2013；吴能全等，2015；Tang 等；2015）。

第二，对结构资产的影响。结构资产是企业除"人"和"关系"以外的软资产，主要是指企业营运过程中的各种组织流程、制度、技能及知识资产的分享规范流程等。当企业外部环境发生动态变化时，企业为了保持其核心竞争优势，就要求企业提升团队建设，建立能够应对外界变化的流程结构。正常情况下高效的组织流程，灵活的制度，稳定的团队合作机制、良好的知识分享氛围及明晰的知识产权保护计划、规范的知识与技术交流平台都会对外部环境的动态变化产生强大的对冲力。因此，当外界环境不确定时，更能促使企业产生一个高效灵活的组织机构，实现组织资产的开发、沉淀及成果转化,促使更多的智力资产的形成(林筠等,2009;陈金亮、王涛,2013;张显锋,2016[①])。

第三,对关系资产的影响。关系资产是智力资产生态系统的另一个重要的子系统,主要包括与企业相关的各种利益相关者,如供应商、销售商、客户及其他社会关系如政府关系等。已有研究表明,利益相关者经常会各企业提供各种资源、支持与帮助(Hill & Jones,2001;Chen 等,2006;Brouthers 等,2015)。对于外界动态环境如何影响关系资产,目前有两种观点解释:一种是依据"自利"原则,当外界环境发生动态变化时,各利益相关者都面临着很大的市场压力,为了保持自身的竞争优势,各利益相关者之间的关系可能濒临破裂或者解散;另一种观点认为,由于外界环境的动态变化属于企业所面临的系统性风险,某个企业单打独斗并不能缓解这种风险,只有各利益相关者紧密合作,形成更加稳定的关系系统,才能抵抗外部动态环境的变化,即外部动态环境能够促使企业建立更加完善可靠的关系资产。基于以上分析与探讨,提出研究假设如下:

H4:外部动态环境对智力资产具有显著的促进作用。

H41:外部动态环境对人力资产具有显著的促进作用。

H42:外部动态环境对结构资产具有显著的促进作用。

H43:外部动态环境对关系资产具有显著的促进作用。

(二)外部动态环境与技术创新

外部环境动态变化最主要的特征就是不确定性,其不确定性主要指外部市场需求的不确定性,这种不确定性的环境会对企业的技术创新产生的影响尚未达成共识。有学者认为外部环境是企业的信息源,企业能够获得所需要的信息和知识,降低技术创新

---

① 张显峰,创业导向、智力资本与动漫企业成长关系研究.

风险与成本（唐国华、孟丁，2015）；促进企业快速开发新的产品，形成新的竞争优势（McDermott & Connor，2002；Goktan & Miles，2011；Carbonell & Escudero，2010；沈灏等，2017）；创造大量的机会，促进技术创新（Wanw & Yiu，2009；赵红、杨震宁，2017）。同时，随着互联网经济的快速发展及国家创新驱动发展战略的落实，现实中的企业已逐渐掌握了应对外部环境变化的能力。当环境变化时，企业已经学会借助组织学习来获取外界的新知识，新资源，新技能（周长辉、曹英慧，2011；陈国权、向姝婷，2017）来为进一步技术创新奠定基础，如借助产学研平台获得新的技术、重新整合配置内外部资源、重建竞争优势等。一般而言，外部环境变化越快，信息和资源的流动更替就会越频繁，企业就越能够吸收到更新的知识与技术，企业技术创新的智力支持就越丰富。除此之外，环境的不确定进一步激励企业采取技术领先战略来进一步细分市场、缩短技术开发周期及加快技术变更速度。然而，另有学者认为，外部动态环境的不确定导致企业无法准确洞察市场状况，企业原有的知识和能力储备可能过时（朱朝晖，2008）、原有的竞争优势被破坏（陈收等，2013）、市场需求的减少导致技术创新的动力降低，不愿承担高额研发费用，对技术创新产生负面影响（Zahra，1996；Segev，1989；赵红、杨震宁，2017）。

因此，基于以上分析，提出研究假设如下：

H5：外部动态环境与企业技术创新呈现显著的正相关关系。

H6：外部动态环境与企业技术创新呈现显著的负相关关系。

（三）智力资产、技术创新与企业绩效的关系

已有众多研究证明，智力资产、技术创新都能够显著推动企业绩效提升。智力资产是人力资产、结构资产及关系资产的糅合结果。依据资源基础理论，"人"是价值创造的主体，具有很强的专用性与不可替代性,是企业竞争优势的根源;结构资产是保证企业高效运行的流程、经验与文化等"软"资产,是企业绩效提升的重要环境资产;关系资产是从利益相关者角度阐述的,主要针对企业与外部利益相关者的"关系",是企业的绩效提升的前置影响因素。现实中,对于大多数企业而言,虽然智力资产在理论能够提升企业绩效,但是必须通过技术创新才能表现出来,才能维持企业绩效与可持续发展能力。智力资产本身是企业绩效的基石,技术创新是手段,只有合理有效地利用智力资产,促进企业技术创新,才能提升企业绩效。具体逻辑结构如图4-1所示。

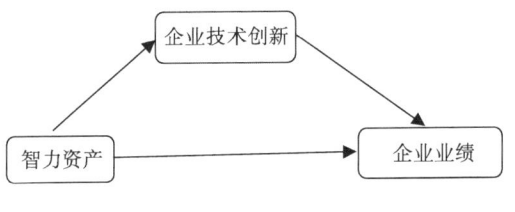

图4-1 中介效应

基于以上分析,提出如下假设:

H7:企业的技术创新在智力资产与企业绩效之间具有显著的中介效应。

(四) 回归结果分析

表4-10第(1)(2)(3)(4)列报告了外部动态环境分别影响智力资产及其各子系统维度和技术创新的回归结果,结果显示外部动态环境与智力资产、人力资产、结构资产及关系资产的回归系数分别为0.5726(2.39)、0.0036(0.15)、-0.0627(-2.25)及0.6258(2.82),说明外部环境动态不确定性对企业整体智力资产有显著的促进作用。具体表现在人力资产提升,

但是效果不明显,其主要原因可能是当外界环境不确定时,企业人力资产变动较大,存在大量人力资源的流入与流出现象;结构资产减低,主要原因可能是外界环境处于动态不确定时,人力资产的波动造成内部流程及团队合作降低,稳定的团队合作机制、良好的知识分享氛围及明晰的知识产权保护计划、规范的知识与技术交流平台都会被分解或者破坏;关系资产得到显著提升,说明各企业在面临外界的动态不确定环境时,都充分意识到某个企业单打独斗并不能缓解这种风险,只有各利益相关者紧密合作,形成更加稳定的关系系统,才能抵抗外部动态环境的变化,即外部动态环境能够促使企业建立更加完善可靠的关系资产。控制变量中,由企业规模(Size)与智力资产及各系统维度的相关性系数可以看出,企业规模都显著促进企业智力资产及其各子系统的提升;财务杠杆(Lev)对企业智力资产具有显著的负相关作用,说明在外部动态环境下企业的财务杠杆越高,企业智力资产就越低,这与现实是一致的。财务杠杆高说明财务风险大,企业破产的风险就大,资金分配受到约束,进而对企业智力资产的提升就会降低。由以上分析可知,假设H4得到验证,H41不能得到验证,H42也不能得到验证,H43得到验证。

表4-10第(5)列报告的是外部动态环境对企业技术创新的影响结果,结果显示,外部动态环境不确定性与技术创新的回归系数是-0.0443(-1.97),显著负向影响技术创新,即外界动态环境越不确定,企业技术创新就越低。可能原因是,目前中国企业尚未形成较强的自主创新能力,受外界动态环境不确定性的负面影响大,如无法合理预期市场、研发成功率较低及研发周期较长等技术创新降低。由此,假设H6得到验证。

依据温忠麟等(2004)中介效应程序来进行验证检验,表4-11报告了智力资产、技术创新与企业业绩之间的中介效应结果。第（1）（2）列结果显示，解释变量智力资产（VAIC）与被解释企业业绩（ROE、ROA）的回归系数分别为 0.0022 (9.24)、0.0014 (8.93)，说明智力资产能够显著地影响企业技术创新。第（3）列验证的是解释变量智力资产（VAIC）对中介变量技术创新的作用，结果显示智力资产能够显著促进企业技术创新，与前述假设 H1 结论相符。第（4）（5）列加入中介变量回归结果，智力资产与企业绩效（ROE、ROA）的回归系数分别为 0.0012（9.20）与 0.0004（8.91），与第（1）（2）列比较发现，影响程度显著减低，说明技术创新在智力资产与企业绩效中起着部分中介作用。因此，假设 H7 得到验证。

表 4-10　外部动态环境分别对智力资产及技术创新影响回归结果

变量	VAIC (1)	HCE (2)	OCE (3)	RCE (4)	Innova (5)
EU	0.5726 **	0.0036	-0.0627 **	0.6258 ***	-0.0443 **
	(2.39)	(0.15)	(-2.25)	(2.82)	(-1.97)
Size	3.5283 ***	0.3298 ***	0.4614 ***	2.7105 ***	0.3228 ***
	(8.27)	(11.01)	(11.89)	(6.68)	(8.09)
Lev	-11.3045 ***	-2.2713 ***	-2.3243 ***	-6.4881 ***	0.3451 *
	(-6.36)	(-13.57)	(-11.72)	(-3.88)	(1.84)
Growth	-0.2703	0.1778 ***	-0.0127	-0.4788	0.1456 ***
	(-0.76)	(3.76)	(-0.22)	(-1.60)	(3.09)
Listy	-0.5460 ***	-0.0764 ***	-0.0639 ***	-0.3973 **	0.0258
	(-2.79)	(-5.01)	(-3.36)	(-2.11)	(1.39)
_cons	-59.4714 ***	-4.5751 ***	-6.3290 ***	-4.9811 ***	-4.9571 ***
	(-6.39)	(-7.08)	(-7.32)	(-5.44)	(-5.80)
Year	控制	控制	控制	控制	控制
Industry	控制	控制	控制	控制	控制

续表

变量	VAIC (1)	HCE (2)	OCE (3)	RCE (4)	Innova (5)
N	2022	2022	2022	2022	2022
Adj-R^2	0.2360	0.1550	0.1163	0.2348	0.1685
F	9.4971***	18.4587***	13.3241***	7.6185***	22.1705***

注：***、**、* 分别表示对应的回归系数在1%、5%及10%的显著性水平上通过检验，括号内为经过White异方差调整后的t值。上述所有解释及控制变量的方差膨胀因子（VIF）都明显小于10。

表4-11　　智力资产 技术创新与企业绩效

变量	ROE (1)	ROA (2)	Innova (3)	ROE (4)	ROA (5)
VAIC	0.0022***	0.0014***	0.0024***	0.0012***	0.0004***
	(9.24)	(8.93)	(2.71)	(9.20)	(8.91)
Innova				0.0049***	0.0026***
				(3.80)	(2.97)
Lev	-0.0549***	-0.1006***	0.2889	-0.0563***	-0.1013***
	(-5.07)	(-14.64)	(1.54)	(-5.18)	(-14.66)
Growth	0.0114***	0.0063***	0.1356***	0.0108***	0.0059***
	(4.40)	(3.50)	(2.92)	(4.09)	(3.26)
Listy	-0.0028**	-0.0017**	0.0203	-0.0029***	-0.0018**
	(-2.56)	(-2.44)	(1.08)	(-2.67)	(-2.52)
_cons	-0.3034***	-0.1668***	-5.1250***	-0.2781***	-0.1534***
	(-6.69)	(-5.85)	(-5.65)	(-6.22)	(-5.44)
Year	控制	控制	控制	控制	控制
Industry	控制	控制	控制	控制	控制
N	2022	2022	2022	2022	2022

续表

变量	ROE (1)	ROA (2)	Innova (3)	ROE (4)	ROA (5)
Adj – R²	0.1860	0.2318	0.1674	0.1925	0.2354
F	15.5719***	26.9868***	22.1971***	15.9437***	26.5120***

注：***、**、*分别表示对应的回归系数在1%、5%及10%的显著性水平上通过检验，括号内为经过White异方差调整后的t值。上述所有解释及控制变量的方差膨胀因子（VIF）都明显小于10。

二、稳健性检验

为了进一步增强上述研究结论的可信度，本章我们进行了如下稳健性测试：（1）为了防止替代指标具有片面性，将技术创新指标由专利产出替换成研发效率，即用专利数量取对数后除以研发支出的对数，具体测试结果如表4-12至表4-14所示；（2）改变研究样本期间，将原有样本期间2011—2017年缩短至2011—2015年，回归结果如表4-15至表4-17所示。从稳健性测试检验结果可以看出，除研究变量的回归系数与显著性水平存在程度上的差异外，得出的基本结论均与前述研究结论一致，说明本章的实证研究结果具有较好的稳健性，即从实证检验的角度验证了智力资产与技术创新的动态演化机理。

表4-12 解释变量为研发效率的稳健性检验结果（1）

变量	(1)	(2)	(3)	(4)
VAIC	0.0001** (2.40)			
HCE		0.0043*** (2.86)		

续表

变量	(1)	(2)	(3)	(4)
OCE			0.0006**	
			(2.32)	
RCE				0.0008***
				(3.10)
Size	0.0060***	0.0072***	0.0061***	0.0058***
	(2.86)	(3.47)	(2.89)	(2.80)
Lev	0.0206**	0.0116	0.0199*	0.0214**
	(2.04)	(1.10)	(1.90)	(2.14)
Growth	0.0071***	0.0079***	0.0071***	0.0071***
	(2.79)	(3.13)	(2.78)	(2.79)
Listy	0.0009	0.0006	0.0009	0.0010
	(0.94)	(0.65)	(0.94)	(0.98)
Year	控制	控制	控制	控制
Industry	控制	控制	控制	控制
N	2022	2022	2022	2022
Adj-R^2	0.1177	0.1217	0.1177	0.1176
F	16.4757***	16.5302***	16.3139***	16.6048***

注：***、**、*分别表示对应的回归系数在1%、5%及10%的显著性水平上通过检验，括号内为经过White异方差调整后的t值。上述所有解释及控制变量的方差膨胀因子（VIF）都明显小于10。

表4-13　　被解释变量为研发效率的稳健性检验结果（2）（行业特征）

变量	(1)	(2)	(3)	(4)	(5)	(6)	(7)	(8)
VAIC	0.0005***				0.0008***			
	(2.60)				(3.11)			

续表

变量	(1)	(2)	(3)	(4)	(5)	(6)	(7)	(8)
HCE		0.0071***				0.0096***		
		(4.36)				(2.65)		
OCE			0.0026**				0.0078**	
			(1.97)				(2.36)	
RCE				0.0004*				0.0008***
				(1.90)				(3.03)
Size	0.0094***	0.0109***	0.0095***	0.0089***	-0.0043	0.0001	-0.0017	-0.0038
	(4.17)	(4.71)	(4.12)	(3.95)	(-0.97)	(0.03)	(-0.35)	(-0.88)
Lev	0.0085	-0.0038	0.0071	0.0117	0.0412*	0.0516**	0.0506**	0.0394*
	(0.80)	(-0.34)	(0.63)	(1.11)	(1.73)	(2.07)	(1.98)	(1.65)
Growth	0.0077**	0.0092***	0.0078**	0.0077**	0.0019	0.0005	0.0018	0.0020
	(2.33)	(2.87)	(2.33)	(2.30)	(0.47)	(0.12)	(0.45)	(0.50)
Listy	0.0016	0.0012	0.0016	0.0017	0.0001	-0.0005	-0.0004	-0.0001
	(1.50)	(1.12)	(1.49)	(1.58)	(0.03)	(-0.17)	(-0.14)	(-0.03)
N	1630	1630	1630	1630	392	392	392	392
Adj_R^2	0.0523	0.0605	0.0509	0.0504	0.1135	0.1062	0.1040	0.1115
F	10.8274***	12.4649***	10.1639***	10.3392***	5.8197***	5.0619***	5.0284***	5.7904***

注：***、**、* 分别表示对应的回归系数在 1%、5% 及 10% 的显著性水平上通过检验，括号内为经过 White 异方差调整后的 t 值。上述所有解释及控制变量的方差膨胀因子（VIF）都明显小于 10。

表 4-14　　被解释变量为研发效率的稳健性
　　　　　　检验结果（3）（外部动态环境）

变量	(1)	(2)	(3)	(4)
VAIC	0.0001**			
	(2.24)			

续表

变量	(1)	(2)	(3)	(4)
HCE		0.0037**		
		(2.42)		
OCE			0.0004**	
			(2.35)	
RCE				0.0001**
				(2.34)
EU	-0.0013	-0.0017	-0.0019	-0.0014
	(-1.06)	(-1.41)	(-1.58)	(-1.08)
EU_VAIC	-0.0028**			
	(-2.13)			
EU_HCE		-0.0026**		
		(-2.18)		
EU_OCE			-0.0030**	
			(-2.51)	
EU_RCE				-0.0024*
				(-1.83)
Lev	0.0209**	0.0138	0.0211**	0.0215**
	(2.04)	(1.30)	(2.01)	(2.12)
Growth	0.0073***	0.0083***	0.0076***	0.0073***
	(2.83)	(3.26)	(2.95)	(2.83)
Listy	0.0011	0.0009	0.0011	0.0011
	(1.11)	(0.89)	(1.15)	(1.13)
Year	控制	控制	控制	控制
N	2022	2022	2022	2022
Adj-R²	0.1198	0.1239	0.1204	0.1190
F	15.7425***	15.2618***	15.2125***	15.7457***

注：***、**、*分别表示对应的回归系数在1％、5％及10％的显著性水平上通过检验，括号内为经过White异方差调整后的t值。上述所有解释及控制变量的方差膨胀因子（VIF）都明显小于10。

表 4-15　缩短年限稳健性检验结果（1）（全样本）

变量	(1)	(2)	(3)	(4)
VAIC	0.0023**			
	(2.16)			
HCE		0.0805***		
		(2.93)		
OCE			0.0184*	
			(1.76)	
RCE				0.0010**
				(2.26)
Size	0.3163***	0.3348***	0.3169***	0.3108***
	(7.03)	(7.53)	(7.08)	(7.05)
Lev	0.2326	0.0736	0.2134	0.2516
	(1.22)	(0.37)	(1.08)	(1.33)
Growth	0.1401***	0.1552***	0.1400***	0.1401***
	(2.97)	(3.34)	(2.97)	(2.97)
Listy	0.0357*	0.0307	0.0356*	0.0366*
	(1.80)	(1.56)	(1.81)	(1.85)
Year	控制	控制	控制	控制
Industry	控制	控制	控制	控制
N	1909	1909	1909	1909
Adj_R^2	0.1490	0.1527	0.1490	0.1488
F	20.8988***	20.5228***	20.6692***	21.0109***

注：***、**、*分别表示对应的回归系数在1%、5%及10%的显著性水平上通过检验，括号内为经过White异方差调整后的t值。上述所有解释及控制变量的方差膨胀因子（VIF）都明显小于10。

表 4-16 缩短年限稳健性检验结果（2）（行业特征）

变量	(1)	(2)	(3)	(4)	(5)	(6)	(7)	(8)
VAIC	0.0098***				0.0144***			
	(2.62)				(2.65)			
HCE		0.1356***				0.1753**		
		(4.58)				(2.57)		
OCE			0.0626**				0.1586**	
			(2.48)				(2.54)	
RCE				0.0076*				0.0144**
				(1.89)				(2.53)
Size	0.3956***	0.4210***	0.4003***	0.3836***	0.0887	0.1633*	0.1190	0.0982
	(8.12)	(8.52)	(8.10)	(7.95)	(1.00)	(1.83)	(1.28)	(1.13)
Lev	0.0193	-0.2134	-0.0297	0.0862	0.3437	0.5666	0.5903	0.3163
	(0.09)	(-0.99)	(-0.14)	(0.42)	(0.73)	(1.18)	(1.20)	(0.67)
Growth	0.1419**	0.1714***	0.1428**	0.1409**	0.0813	0.0542	0.0806	0.0843
	(2.33)	(2.91)	(2.34)	(2.30)	(1.10)	(0.71)	(1.09)	(1.14)
Listy	0.0455**	0.0374*	0.0440**	0.0471**	0.0402	0.0307	0.0323	0.0365
	(2.12)	(1.76)	(2.06)	(2.20)	(0.81)	(0.62)	(0.67)	(0.74)
Year	控制	控制	控制	控制	控制	控制	控制	控制
N	1541	1541	1541	1541	368	368	368	368
Adj_R^2	0.1054	0.1134	0.1048	0.1032	0.1231	0.1182	0.1209	0.1202
F	20.6415	21.9850	20.1676	20.2265	6.7072	6.5141	6.9288	6.4974

注：***、**、*分别表示对应的回归系数在1%、5%及10%的显著性水平上通过检验，括号内为经过 White 异方差调整后的 t 值。上述所有解释及控制变量的方差膨胀因子（VIF）都明显小于10。

表4-17 缩短年限稳健性检验结果（3）（环境不确定性）

变量	（1）	（2）	（3）	（4）
VAIC	0.0008**			
	(2.23)			
HCE		0.0697**		
		(2.52)		
OCE			0.0164*	
			(1.76)	
RCE				0.0004*
				(1.79)
EU_VAIC	-0.0474**			
	(-1.98)			
EU_HCE		-0.0455**		
		(-2.00)		
EU_OCE			-0.0510**	
			(-2.29)	
EU_RCE				-0.0405*
				(-1.72)
Size	0.3113***	0.3332***	0.3148***	0.3068***
	(6.91)	(7.53)	(7.06)	(6.96)
Lev	0.2459	0.1224	0.2426	0.2605
	(1.28)	(0.61)	(1.22)	(1.36)
Growth	0.1468***	0.1652***	0.1517***	0.1470***
	(3.08)	(3.51)	(3.19)	(3.07)
Listy	0.0402**	0.0359*	0.0404**	0.0408**
	(2.04)	(1.84)	(2.07)	(2.07)
Year	控制	控制	控制	控制
Industry	控制	控制	控制	控制
N	1909	1909	1909	1909
Adj_R^2	0.1513	0.1552	0.1518	0.1506
F	19.8002***	18.7482***	19.1175***	19.7382***

注：***、**、*分别表示对应的回归系数在1%、5%及10%的显著性水平上通过检验，括号内为经过White异方差调整后的t值。上述所有解释及控制变量的方差膨胀因子（VIF）都明显小于10。

本章小结

本章选取2011—2017年沪、深两市交易的A股上市公司为初始研究样本，剔除了不符合条件的样本后，得到符合条件的2022个样本观测值。以智力资产为自变量指标，技术创新为因变量衡量指标，环境不确定为外部动态环境的替代指标来验证外部动态环境下智力资产与技术创新的作用机理。实证研究结果发现：（1）智力资产及其各子系统维度均与企业技术创新具有显著的正相关关系，表明企业智力资产系统能够对企业实施自主技术创新发挥显著的积极作用；（2）进一步按照行业特征分组研究发现：虽然各行业智力资产都对技术创新具有显著的促进作用，但是在制造业中企业规模的大小和营业收入增长率都对技术创新有非常显著的正向促进作用，而在非制造业中，技术创新主要依赖与企业所拥有的智力资产，与企业规模与营业收入增长率关系不显著；（3）加入外部动态环境调节变量，研究结果发现外界动态环境对智力资产与技术创新具有显著的负向削弱作用，即外部动态环境不稳定性越高，对智力资产与技术创新的抑制作用越显著；（4）进一步研究了外部动态环境对智力资产及其子系统各维度的影响作用，研究结果发现，外部环境动态不确定性对企业整体智力资产有显著的促进作用，但是对其各子系统的作用具有异质性，其中对人力资产的正向影响并不显著，对结构资产具有显著的负向作用，对关系资产具有显著的正向作用，即外部动态环境能够促使企业建立更加完善可靠的关系资产；（5）系统检验了智力资产、技术创新与企业绩效的关系，研究验证了技术创新在智力资产与技术创新过程中具有显著的部分中介效应。

主要研究贡献为：现有文献集中探讨智力资产及其子系统各维度与技术创新的影响作用，本章考虑了在外部处于不确定动态环境下，智力资产及其系统对技术创新的作用机理，并进一步分析了外部动态不确定环境分别对智力资产及技术创新的影响，系统验证了智力资产、技术创新与企业业绩的作用机理。本章的研究结论不仅为目前经济转型升级提供了理论依据，而且也为中国在目前国际形势动态变化的环境下企业"走出去"指明了方向。

结论、启示与展望

一、研究结论、创新及政策建议

（一）研究结论

本书在对国内外文献进行梳理与评述的基础上，以资源基础理论、利益相关者理论、动态能力理论及协同演化理论为基础，依次递进地阐述了智力资产的内涵、智力资产的构成基础、智力资产的效用基础及智力资产效用产生机理。然后从企业的定义、起源与发展及企业生态系统的自然哲学性、自然仿生性及共享性来阐述企业生态系统的生态性及复杂性，界定了现代企业的生态系统结构。企业是内部具有分工协作的团队，通过劳动交换而生产商品或者提供劳务的契约经济组织。该组织是伴随着外部环境而发展变化的，每种企业存在形式都具有其环境特征与现实适应性，在特定外部环境下，企业组织形态的创新与选择都是为了形成企业稳定的生态系统，促进企业核心竞争力的实现。目前的企业生态系统是具有内外部结合及各子系统分工协作的，随着外部环境不断变化的，以智力资产系统为核心的生态系统。接着，阐述了在市场环境动态变化中，企业生态系统向更高级别的循环上升和可持续竞争力的保持将越来越依靠企业创新。创新尤其是技术创新也将能够使独立企业在市场竞争环境立于不败之地，保持其应有的话语权。梳理了技术创新思想的产生的发展历程、动因、衡量及经济后果，认为技术创新思想不是在某一阶段一蹴而就的，而是随着外部环境的变化不断发展的，从马克思《资本论》的技术创新思想、西方产业组织的技术创新思想到中国特色技术创新思想，都是企业寻求核心竞争力的重要表现；技术创新的动因不同，但是技术创新是创新模式的核心，能够驱动经济增长，提高生产效率，节约劳动成本，降低产品生产成本，提高产品附加值，提升企业核心竞争力，实现企业的可持续发展是目前统一的认知；企业生态系统的各利益相关者也逐步意识到技术创新的优势，都想通过技术创新增加企业价值、品牌价值及实现产业结构升级。接着，建立了协同动态演化模型和动态能力理论来分析智力资产与企业技术创新的动态演化作用机理。最后，选取2011—2017年沪、深两市交易的A股上市公司为初始研究样本，剔除了不符合条件的样本后，得到符合条件的2022个样本观测值。以智力资产为自变量指标，技术创新为因变量衡量指标，环境不确定为外部动态环境的替代指标来验证外部动态环境下智力资产与技术创新的作用机理。实证研究结果发现：

（1）智力资产及其各子系统维度均与企业技术创新具有显著的正相关关系，表明企业智力资产系统能够对企业实施自主技术创新发挥显著的积极作用。

（2）进一步按照行业特征分组研究发现：虽然各行业智力

资产都对技术创新具有显著的促进作用，但是在制造业中企业规模的大小和营业收入增长率都对技术创新有非常显著的正向促进作用，而在非制造业中，技术创新主要依赖与企业所拥有的智力资产，与企业规模与营业收入增长率关系不显著。

（3）加入外部动态环境调节变量，研究结果发现外界动态环境对智力资产与技术创新具有显著的负向削弱作用，即外部动态环境不稳定性越高，对智力资产与技术创新的抑制作用越显著。

（4）进一步研究了外部动态环境对智力资产及其子系统各维度的影响作用，研究结果发现，外部环境动态不确定性对企业整体智力资产有显著的促进作用，但是对其各子系统的作用具有异质性，其中对人力资产的正向影响并不显著，对结构资产具有显著的负向作用，对关系资产具有显著的正向作用，即外部动态环境能够促使企业建立更加完善可靠的关系资产。

（5）系统检验了智力资产、技术创新与企业绩效的关系，研究验证了技术创新在智力资产与技术创新过程中具有显著的部分中介效应。

（二）研究创新

本书的主要创新之处体现在以下方面：

第一，以往多是集中探讨静态智力资产与技术创新的作用机理，而考虑外界动态环境不确定性的研究相对较少。本书将利益相关者理论、动态能力理论与协同进化理论中智力资产及其子系统与技术创新进行有效的串联，运用管理学、经济学及统计学等学科知识，重点从理论上分析了智力资产与技术创新的作用机理。

第二，已有文献多研究智力资产、技术创新及企业绩效三者中两者的影响作用或者作用机理，对于外部动态系统不确定性对智力资产和技术创新分别会产生何种作用的研究比较欠缺，本书从理论上阐述了外部动态不确定环境分别对智力资产及其子系统各维度的影响，并系统推演出技术创新在智力资产与企业绩效的中介效用。

第三，在理论分析的基础上，尝试分别构建了智力资产、企业技术创新、外部动态环境变动之间的关系模型。结合研究内容及研究目的，运用国泰安（CSMAR）数据库及Wind数据库进行了相关实证检验，为上述理论分析提供了相关的经验证据，完善了智力资产与技术创新相关研究系统，并丰富了相应的文献。

（三）政策建议

本书主要研究了智力资产与技术创新的动态演化机理，研究结果发现：智力资产及其各子系统维度均与企业技术创新具有显著的正相关关系，且作用在行业间存在显著的异质性。外部环境的动态不确定性对智力资产与技术创新具有显著的抑制作用，且技术创新在智力资产与企业业绩具有显著的部分中介效应。

因此，对于目前中国快速提升自主创新能力，实现新时代经济的转型升级的相关决策时，如何有效增强企业智力资产，如何发挥企业智力资产对技术创新促进作用，促进企业业绩提升，实现经济转型升级的良性循环，使中国企业"走出去"，快速融入"一带一路"，实现中美贸易战中的技术创新突围，本书主要从宏观及微观（企业）层面提出解决措施及建议。

1. 宏观层面

（1）推进教育体制改革，培育智力资产，实现协同创新。自主创新需要对科技发展趋势进行前瞻性的预测，并能够从根本上提出解决问题的新想法，具有打破常规的勇气，提出独立方案的探索精神。早在2006年的科技大会上，胡锦涛总书记就提出"坚持把提高自主创新能力摆在突出位置"，构建自主创新氛围，近年来习近平总书记也提出"大力推进教育体制改革……推进产学研协同创新"。高校作为国家各企业中人力资产培养的储备池，也是实现技术创新的生力军，在智力资产培育过程中需要一些政策支持与方法指导。具体表现为：第一，出台相应的高校教育指导意见，根本解决高校教育评价导向，提升高校的社会服务能力，培育高校智力资产，激发高校教育的创业创新活力。第二，对于高校专门的创新中心或创业学院等类似机构予以政府政策支持、软硬件支持平台及相应的货币补贴。第三，整合地方政府、投资机构及科技创新企业等社会资源，制定创新创业引领计划，带动青年创新创业。据相关数据统计，目前发达国家的大学生创业比例达到30%，而我国还不足1%，创新创业潜力巨大。各种社会资源要为青年创新提供低成本、便捷化、全要素的服务平台。第四，政府重点布局创新领域，资金统筹及政策统筹，扫除创新障碍、打通创新渠道，整合技术创新链条。

（2）贯彻落实创新驱动发展战略，健全技术创新激励机制。随着经济全球化及国际竞争激烈化，创新尤其是技术创新已成为提升国家竞争力的有效途径。资料显示，目前世界各国都在积极部署创新战略，如美国2011年发布的《美国创新战略》，从国家战略及发展路径上强化创新；欧盟2010年通过的《欧盟2020战略》，意图成为世界最具竞争力的联合体；日本2009年出台了《数字日本创新计划》，使日本进入科技立国的阶段；韩国2000年制定的《2025年构想》，致力于成为亚太主要研究中心。面对发达国家的超前部署，我国也充分认识到创新驱动的重要性，在中国共产党"十八大"上明确提出要"实施创新驱动发展战略"，具体表现为：第一，把科技创新作为创新的重要工作，充分开展及发挥技术创新对经济社会的支撑和引导作用，促进产业转型升级；第二，以企业作为创新的主体，完善知识产权保护体系，开发具有知识产权的强势品牌，提升产品竞争力；第三，培养引进科技创新人才，努力推动科技创新团队的发展，为创新战略提供有力的人才支持；第四，优化技术创新环境，健全技术创新奖励机制。运用政策、财税、金融及人才多方面配套改革，吸引民间资本参与技术创新，调动各行各业人员开展技术创新活动，调整专利资助政策，引导技术创新产出由数量向质量效益型转变，切实提升企业产品质量，创建企业自主品牌，提升企业可持续增长能力。

（3）稳定企业面临的外部动态环境，实现智力资产与技术创新的正向效应。众所周知，稳定的外部环境能够显著促进企业的发展。构建稳定的市场环境，推进形成新时代特色的新格局是实现智力资产与技术创新的保障。具体表现在：第一，保持政策的连续性与稳定性。企业智力资产培育与技术创新提升都是一个长期过程，政策的连续性与稳定性有助于企业战略决策与执行，并能够合理预期未来，降低产生的制度性交易成本，更好发挥市场的资源配置效应。第二，加快要素市场化，实现要素自由流动。要素主要包括劳动力、土地、技术、资金及信息等要素，当这些能够在市场上自由流动时，如打破劳动力的城乡、地域、身份等差异时，劳动力城乡自由流动，劳动力市场就趋于稳定；完善城乡土地权能，实现同权同价；规范资本市场，提升金融服务能力，强化实体经济地位，完善法人治理结构，加强监管，实现技术、资金及信息的自由流动与配置。第三，发展混合所有制经济，支持民营企业发展。建立股权制衡机制，健全公司治理结构，深化国企改革，激发国企活力与创造力，完善监管制度，实现国企优化布局与结构调整；帮助民营企业解决融资难问题，激发和保护企业家精神，鼓励建立现代企业制度。

2. 微观（企业）层面

（1）设计有效的人力资源薪酬与考核机制，挖掘企业智力资产效应。目前，大多数企业人力资源薪酬激励都与企业短期行为有关，并没有充分考虑到长期创新行为所带来的失败成本。主要原因是，智力资产培育及技术创新提升均具有长期性和风险性。这与我国企业（尤其是国有企业）管理者的频繁轮换及短期业绩考核是背道而驰的。企业（尤其是国有企业）的管理者对于能够在任期内产生明显效益的项目非常关注，而对于企业的长期或收益不确定项目的积极性降低。实际上，企业高层管理者作为受股东委托的生产经营的管理者，是不具有所有权的，双方存在委托—代理关系。委托—代理理论认为，双方存在显著信息不对称，为了降低双方的信息不对称而产生的代理成本，委托人往往采用企业经营绩效来衡量代理人（管理者）的努力及能力。然而，要想使企业能够长期可持续发展，仅仅采用企业绩效衡量是不够的。企业管理者也是理性的经济人，有时为了个人利益短期牺牲企业的长期利益也是非常普遍的。因此，为了更好地进行企业智力资产培育，提升技术创新能力，企业要在人力资源薪酬与考核机制中加入智力资产培育及技术创新能力的合理替代指标，适当降低纯粹的财务绩效指标，增加一些衡量人力资源智力资产培育及技术创新的非财务指标。从制度上优化人力资产薪酬激励及考核，激发管理者重视智力资产培育与技术创新能力提升。同时，对于管理层之外的人员，在薪酬考核机制时，将相关的自身智力与创新能力的提升列入其薪酬激励及考核指标中去，充分调动利益相关者的创新能力。

（2）分类管理智力资产系统利益相关者，调动协同创新的积极性。从心理学的角度来讲，智力资产系统的各利益相关者对企业的诉求是存在异质性的，如人力资产系统的员工，其诉求可能就是如何更好地提升自己的价值，获取更高的薪酬；结构资产系统的管理者，其诉求可能就是如何以最小的付出快速完成自己的工作，多一些闲暇时间；关系资产系统的供应商，其诉求可能就是如何以最高的价格获取长期良性的合作关系等。由此可见，不同的诉求可能伴随着不同的行动，会影响到企业智力资产的效用，进而影响到企业的技术创新。因此，应针对智力资产系统各利益相关者，制定合理的分类管理办法，借以促进技术创新。具体表现如下：第一，对人力资产系统利益相关者，采用创新能力与薪酬激励相结合的方式，因为企业的人力资产是技术创新的根本，合理的薪酬能够刺激人力资源的技术创新能力；第二，对结构资产利益相关者，采用效率与职位相结合的方式，并配合激励机制。快速便捷的内部流程与程序是其利益相关者效率的体现，因此，合理的职位与激励能够进一步优化结构资本，提升技术创新；第三，对关系资产利益相关者，采用合作与利益分享相结合的方式。一般而言，关系资产系统利益相关者包括政府、供应商与客户等外部关系人。对于政府部门，严格遵守法律法规；对于供应商与客户，采取利益分享，建立稳定的客户供应商关系，降低企业外部不确定风险，实现良性合作，促进企业技术创新。

（3）提前做好风险管理，降低企业风险的负效应。企业在正常的发展过程中不可避免地会面临着各种风险，如经营风险、财务风险及金融风险等。有些风险属于市场的系统风险，企业没有办法去分散掉，只能采取措施来尽可能降低；有些风险是企业自身的特有风险，完全通过相应的决策来分散。具体措施如下：第一，经营风险是企业的生产经营过程中由于战略选择、产品定价及销售手段等经营决策引起的未来收益不确定。该风险属于可控的，企业可以提前通过防范、组合等方式来降低。如近期华为"海思芯片"转正事件，就属于对企业经营风险进行提前防控的重要案例。第二,财务风险是由于财务结构不合理、融资不当等原因导致的可能丧失偿债能力的风险,该风险属于可控风险。企业可通过转移、套期保值及设立准备金等方式来预防财务风险。第三,金融风险是金融变量的变动所引起的资产组合未来收益的不确定性,主要包括汇率风险、利率风险及衍生产品价格风险等,它能够导致公司破产、银行倒闭等事件。此类风险可通过政策性防范、管理机制建立及技术性监控来降低。

二、研究局限及未来研究展望

(一)研究的局限性

本书采用了规范与实证相结合的研究方法,运用动态能力理论、利益相关者理论及协同演化理论,对智力资产与企业技术创新的作用机理进行了剖析并形成了一些有意义创新性的研究结论。然而,由于目前对于智力资本、智力资产与知识资产等基本定义尚未明确区分,且智力资产与技术创新的研究依据的基础理论相对比较分散,尚未形成统一的结论,因此,本书考虑了外界动态环境对智力资产与技术创新的演化进行研究,本身就存在一定的难度,并受到其他客观因素的影响,尚存在以下的局限性及不足:

第一,本书首先运用利益相关者理论与协同理论上剖析了智力资产与技术创新的动态演化机理,并提供了实证检验,但由于国内外对智力资产(Intellectual Assets)、智力资本(Intellectual Captical)及知识资产(Knowledge Assets)三个概念的认知存在差异,尚未达成一致。因此,会导致本书的实证研究结论存在一定的局限性。

第二,由于本书样本取自国泰安(CSMAR)数据库及 Wind 数据库,对于有些变量的衡量可能会存在标准不同,且由于企业技术创新数据与研发投入数据存在较多的缺失值，按照规定删除缺失值后，导致有效样本数相对于初始样本数大幅度减少，因此，样本量的局限性可能会导致研究结论的可靠性受到一定程度上的影响。

（二）未来研究展望

针对本书研究存在的局限性，结合目前智力资产与技术创新的研究现状及趋势，本书认为今后可继续进行如下后续研究：

第一，进一步深入系统地探寻其他的可能对智力资产与技术创新产生重要影响的因素并加以实证检验，对相关因素进行深入处理，将相关研究在横向上加以拓展。

第二，进一步长期追踪企业智力资产与技术创新的发展情况，在目前动态演化研究基础上，尝试构建技术创新作用智力资产"逆"效应模型，深入剖析两者的作用机理。

第三，进一步通过田野研究与数理分析，深入企业进行深度考察和剖析，全面探求智力资产与技术创新的作用机理，并在此基础上，扩充样本量获取更广泛的研究数据，增强研究结论的说服力。

参考文献

1. 白雪洁, 李爽. 要素价格扭曲、技术创新模式与中国工业技术进步偏向——基于中介效应模型的分析 [J]. 当代经济科学, 2017, 39 (01): 30-42+125.

2. 曹裕, 陈晓红, 李喜华. 企业不同生命周期阶段智力资本价值贡献分析 [J]. 管理科学学报, 2010, 13 (05): 21-32+90.

3. 曹裕, 熊寿遥, 胡韩莉. 企业生命周期下智力资本与创新绩效关系研究 [J]. 科研管理, 2016, 37 (10): 69-78.

4. 陈海华, 谢富纪. 日本技术创新模式的演进及其发展战略 [J]. 科技进步与对策, 2008 (01): 15-18.

5. 陈浩, 何洁. 智力资本对企业协同创新的影响研究: 组织学习的视角 [J]. 现代管理科学, 2015 (04): 103-105.

6. 陈文标. 平衡计分卡与智力资本的耦合关系研究 [J]. 科技进步与对策, 2005 (10): 141-143.

7. 陈武, 何庆丰, 王学军. 基于智力资本的区域创新能力形成机理——来自我国地级市样本数据的经验证据 [J]. 软科学, 2011, 25 (04): 1-7.

8. 陈武, 何庆丰, 王学军. 区域智力资本与区域创新能力的识别 [J]. 科技与经济, 2011, 24 (01): 25-30.

9. 陈晞. 智力资本与区域性银行经营模式转型 [J]. 金融

论坛, 2012, 17 (04): 31-36.

10. 陈元志, 华斌. 非对称创新战略的内涵实质与理论诠释——习近平新时代中国特色社会主义科技创新思想探析 [J]. 海派经济学, 2018, 16 (03): 14-24.

11. 程俊杰. 制度变迁、企业家精神与民营经济发展 [J]. 经济管理, 2016, 38 (08) 39-54.

12. 崔小委, 吴新年. 产业技术创新模式的发展脉络与演进分析 [J]. 中国科技论坛, 2016 (01): 31-37.

13. 代明, 钟宇钰. 技术资本对企业财务绩效的影响——基于智力资本效率系数的实证研究 [J]. 科技管理研究, 2017, 37 (14): 180-186.

14. 戴园园, 梅强. 我国高新技术企业技术创新模式选择研究——基于演化博弈的视角 [J]. 科研管理, 2013, 34 (01): 2-10.

15. 邓春华. 智力资本会计研究基础: 本质·构成要素·计量原则 [J]. 财政研究, 2005 (06): 60-62.

16. 邓向阳, 谭傲, 曹渝. 开放式创新背景下企业智力资本与创新绩效关系研究——基于中小科技型企业的证据 [J]. 求索, 2015 (03): 73-78.

17. 董洁林, 李晶. 企业技术创新模式的形成及演化——基于华为、思科和朗讯模式的跨案例研究 [J]. 科学学与科学技术管理, 2013, 34 (03): 3-12.

18. 范黎波, 丁珽, 原馨. 智力资本与企业绩效的关系研究——基于面板数据模型的实证分析 [J]. 海南大学学报 (人文社会科学版), 2012, 30 (04): 106-112.

19. 范旭, 曲用心. 略论可持续发展的技术创新思想 [J]. 科学管理研究, 2001 (03): 4-6+21.

20. 冯严超,王晓红. 智力资本、生态环境与区域竞争力——基于 PLS-SEM 和 PLS-DA 的实证分析 [J]. 科技管理研究,2018,38 (15):93-98.

21. 傅传锐. 公司治理、产权性质与智力资本价值创造效率——来自我国 A 股上市公司的经验证据 [J]. 山西财经大学学报,2016,38 (08):65-76.

22. 傅传锐. 货币政策如何影响企业价值创造效率?——基于智力资本视角的实证研究 [J]. 中国社会科学院研究生院学报,2016 (02):31-39.

23. 傅传锐. 机构投资者与智力资本:价值选择抑或创造? [J]. 海南大学学报(人文社会科学版),2017,35 (02):75-84.

24. 傅传锐. 智力资本对企业竞争优势的影响——来自我国 IT 上市公司的证据 [J]. 当代财经,2007 (04):68-74.

25. 傅传锐. 智力资本与公司绩效的相关性——基于分量回归的实证分析 [J]. 山西财经大学学报,2007 (05):72-78.

26. 傅传锐. 中国上市公司智力资本对并购绩效的影响 [J]. 亚太经济,2011 (03):71-75.

27. 傅元略. 企业智力资产效益贡献的综合评价 [J]. 会计研究,2000 (10):43-45.

28. 高娟,汤湘希. 母公司智力资本对子公司绩效的作用路径研究——兼论母子公司间转移机制的中介效应 [J]. 经济经纬,2015,32 (06):95-101.

29. 高娟,汤湘希. 智力资本作用机制:直接效应·间接效应·调节效应 [J]. 华东经济管理,2014,28 (06):106-111.

30. 高娟. 企业集团母子公司间智力资本转移机制研究——基于问卷调查的探索性与验证性分析 [J]. 山东科技大学学报

(社会科学版),2019,21(01):86-96.

31. 高丽,潘煜,万岩.企业文化、智力资本和企业绩效的关系——以高科技企业为例[J].系统管理学报,2014,23(04):537-544.

32. 高远.智力资本、技术创新能力与企业绩效[J].会计之友,2018(08):72-77.

33. 顾全根.基于收益法的智力资本价值计量及其在现金流量表中的披露[J].财会研究,2009(13):60-62.

34. 郭凯明,余靖雯,龚六堂.人口转变、企业家精神与经济增长[J].经济学(季刊),2016,15(03):989-1010.

35. 郭黎,张爱华,乐洋冰.智力资本、研发投入与企业绩效的实证分析[J].统计与决策,2016(19):186-188.

36. 郭敏.智力资产价值评估探析[J].经济纵横,2008(11):98-100.

37. 韩晨,王钦,高山行.分维度能力双元性与技术创新模式间的异质性关系研究[J].科技管理研究,2018,38(03):233-238.

38. 韩磊,王西,张宝文.市场化进程驱动了企业家精神吗?[J].财经问题研究,2017(08):106-113.

39. 韩少春,刘云,张彦超,程辉.基于动态演化博弈论的舆论传播羊群效应[J].系统工程学报,2011,26(02):275-281.

40. 何悦桐,宋德玲.智力资本、战略柔性对中小企业技术创新能力影响的实证研究[J].工业技术经济,2019,38(01):35-40.

41. 贺俊,程锐,刘庭.金融发展、技术创新与环境污染[J].东北大学学报(社会科学版),2019,21(02):139-148.

42. 胡彬, 万道侠. 产业集聚如何影响制造业企业的技术创新模式——兼论企业"创新惰性"的形成原因 [J]. 财经研究, 2017, 43 (11): 30-43.

43. 胡斌. 企业生态系统组建中的伙伴选择 [J]. 商业研究, 2009 (09): 38-40.

44. 胡永刚, 石崇. 扭曲、企业家精神与中国经济增长 [J]. 经济研究, 2016, 51 (07): 87-101.

45. 黄德胜. 论《资本论》的产业技术创新思想 [J]. 吉林广播电视大学学报, 2014 (06): 11-13.

46. 黄惠琴, 刘剑民. 智力资本计量模型的构建 [J]. 当代财经, 2005 (05): 123-127.

47. 黄灵. 关系资本、企业能力与企业绩效的关系探讨 [D]. 江西: 江西财经大学, 2018.

48. 黄蔚, 汤湘希. 商誉后续计量方法改进是否应该重新考虑引入摊销?——基于合并商誉本质的实证分析 [J]. 经济问题探索, 2018 (08): 39-50+66.

49. 惠兴杰, 李晓慧, 罗国锋, 李鑫. 创新型企业生态系统及其关键要素——基于企业生态理论 [J]. 华东经济管理, 2014, 28 (12): 100-103.

50. 姜文杰, 张玉荣. 关系资本对集群制造企业技术创新绩效、人力资本和结构资本的影响 [J]. 中国科技论坛, 2011 (11): 61-67.

51. 蒋天颖, 王俊江. 智力资本、组织学习与企业创新绩效的关系分析 [J]. 科研管理, 2009, 30 (04): 44-50.

52. 蒋琰, 茅宁. 智力资本与财务资本: 谁对企业价值创造更有效——来自于江浙地区企业的实证研究 [J]. 会计研究, 2008 (07): 49-55+97.

53. 蒋尹华,王学军. 基于智力资本的大学科技创新能力趋势面分析 [J]. 科技进步与对策, 2012, 29 (24): 177-181.

54. 解维敏. 市场化进程对企业家创新精神的影响研究——基于我国非金融类上市公司的经验证据 [J]. 财经问题研究, 2016 (12): 114-119.

55. 金帆, 张雪. 从财务资本导向到智力资本导向: 公司治理范式的演进研究 [J]. 中国工业经济, 2018 (01): 156-173.

56. 黎彤彤. 基于门槛效应的智力资本与企业绩效关系探讨 [D]. 江西: 江西财经大学, 2018.

57. 李百兴, 王博. 新环保法实施增大了企业的技术创新投入吗?——基于 PSM-DID 方法的研究 [J]. 审计与经济研究, 2019, 34 (01): 87-96.

58. 李标, 崔西伟, 吴贾. 马克思主义视角下金融发展、创新投入与工业创新绩效 [J]. 财经科学, 2018 (06): 94-109.

59. 李秉成, 朱慧颖. 管理者过度自信、企业价值与企业财务困境的关系——基于东星集团的案例研究 [J]. 管理案例研究与评论, 2012, 5 (05): 391-403.

60. 李秉成, 江婉滢, 尹行. 宏观经济波动、管理者预期与企业成本费用粘性研究 [J]. 武汉科技大学学报(社会科学版), 2016, 18 (05): 526-533.

61. 李丹, 杨建君, 王婷. 经理人创新胜任力及其对技术创新模式的影响机制 [J]. 软科学, 2016, 30 (10): 83-86.

62. 李丹, 杨建君. 联结强度、企业间信任和技术创新模式与合作创新绩效 [J]. 软科学, 2018, 32 (06): 74-77.

63. 李冬伟, 汪克夷. 智力资本与高科技企业绩效关系研究——环境的调节作用 [J]. 科学学研究, 2009, 27 (11): 1700-1707+1640.

64. 李冬伟. 基于知识价值创造的智力资本与企业绩效因果模型研究 [J]. 科技管理研究, 2009, 29 (08): 354-356+347.

65. 李海洪, 王博. 高技术企业智力资本对财务绩效影响的实证研究 [J]. 经济问题, 2011 (09): 110-113.

66. 李辉, 苏勇, 吕逸婧. 高绩效人力资源实践、智力资本和企业自主创新能力的关系研究 [J]. 软科学, 2015, 29 (06): 76-80+98.

67. 李慧娟, 王琳. 能源行业智力资本对企业绩效影响的实证研究 [J]. 统计与决策, 2010 (24): 171-174.

68. 李继凯. "智力资产化"已成现阶段发展新动力 [N]. 中华工商时报, 2015-12-30 (003).

69. 李建良, 黄美珍. 智力资本、经济环境与企业绩效关系研究——基于江西省工业园区企业的调查数据 [J]. 南昌航空大学学报 (社会科学版), 2018, 20 (03): 47-55.

70. 李健. 创造社会企业生态系统: 泰国发展社会企业的经验和启示 [J]. 南京社会科学, 2018 (09): 76-82.

71. 李捷, 霍国庆. 我国战略性新兴产业技术创新模式初探 [J]. 科技管理研究, 2017, 37 (23): 31-39.

72. 李经路, 郭静. 智力资本对贝塔系数影响路径的数理分析与数据检验——上市公司数据的例证 [J]. 软科学, 2017, 31 (07): 141-144.

73. 李经路. 关于智力资本测度的探讨 [J]. 统计与决策, 2012 (07): 170-172.

74. 李经路. 耦合视角下的企业智力资本价值贡献研究 [J]. 软科学, 2013, 27 (06): 108-113.

75. 李经路. 智力资本意蕴: 认知派与行为派的论争 [J].

商业研究，2014（10）：9-16.

76. 李经路. 智力资本指数的构建：原理与方法［J］. 统计与决策，2018，34（04）：38-42.

77. 李连燕，张东廷. 高新技术企业智力资本价值创造效率的影响因素分析——基于研发投入、行业竞争与内部现金流的角度［J］. 数量经济技术经济研究，2017，34（05）：55-71.

78. 李连燕，张东廷. 企业"智力资本结构化"的选择与管理——基于心理契约与企业竞争战略的视角［J］. 东岳论丛，2015，36（06）：144-148.

79. 李锐，陶秋燕. 三维智力资本、商业模式创新与绩效的关系研究——技术动荡性的调节效应［J］. 技术经济与管理研究，2018（12）：44-50.

80. 李卫兵，王彦淇. 中国区域智力资本的测度及其空间溢出效应研究［J］. 华中科技大学学报（社会科学版），2018，32（01）：64-75.

81. 李西垚，弋亚群，苏中锋. 社会关系对企业家精神与创新关系的影响研究［J］. 研究与发展管理，2010，22（05）：39-45.

82. 李阳. 智力资本及其价值效应——基于GMM前沿方法的实证研究［D］. 武汉：华中科技大学，2017.

83. 李园园，李桂华，张会龙. 企业社会责任、技术创新与品牌价值［J］. 中国科技论坛，2019（03）：71-79.

84. 林筠，高霞，丁弋. 智力资本动态性：测量范式向学习范式的变迁［J］. 科技管理研究，2014，34（12）：94-99.

85. 林筠，李随成. 企业智力资本对供应商参与新产品开发影响关系的实证研究［J］. 管理工程学报，2010，24（03）：13-18.

86. 林筠, 刘江. 双元创新驱动机制: 智力资本整合的视角 [J]. 科技管理研究, 2016, 36 (12): 18-23+29.

87. 林晓珩, 林英, 张飏. 智力资本相关理论分析 [J]. 管理观察, 2015 (23): 138-140.

88. 凌丹, 张小云. 技术创新与全球价值链升级 [J]. 中国科技论坛, 2018 (10): 53-61+100.

89. 刘超, 原毅军. 智力资本对企业绩效影响的实证研究 [J]. 东北大学学报 (社会科学版), 2008 (01): 32-35.

90. 刘程军, 蒋天颖, 华明浩. 智力资本与企业创新关系的 Meta 分析 [J]. 科研管理, 2015, 36 (01): 72-80.

91. 刘光宗, 肖洪钧, 刘庆贤. 基于能力发展的动态能力理论研究述评 [J]. 现代管理科学, 2012 (03): 27-29.

92. 刘国巍, 曹霞. 产学研 BA-CAS 合作机制下创新网络动态演化研究——基于系统生存论的关系嵌入视角 [J]. 技术经济与管理研究, 2018 (04): 32-37.

93. 刘建勇, 李晓芳. 环境规制、技术创新与产能过剩 [J]. 南京审计大学学报, 2018, 15 (05): 12-20.

94. 刘鹏真, 马爱霞. 基于熵权法的我国医药制造业技术创新模式选择研究 [J]. 中国药房, 2015, 26 (28): 3889-3892.

95. 刘现伟. 培育企业家精神激发创新创业活力 [J]. 宏观经济管理, 2017 (03): 41-45.

96. 刘玉平, 赵兴莉. 智力资本驱动企业价值创造的有效性研究——基于智力资本综合评价视角 [J]. 中央财经大学学报, 2013 (01): 41-46+91.

97. 卢馨, 黄顺. 智力资本驱动企业绩效的有效性研究——基于制造业、信息技术业和房地产业的实证分析 [J]. 会计研究, 2009 (02): 68-74+94.

98. 吕爽. 智力资本对企业创新绩效的作用机制研究 [D]. 天津：天津大学，2016.

99. 马北玲，游达明，胡小清. 智力资本对企业突破性技术创新绩效的影响研究 [J]. 科技进步与对策，2012，29（11）：79-83.

100. 马宁，孟卫东，姬新龙. 国有风险资本协同智力资本的企业价值创造研究 [J]. 研究与发展管理，2018，30（01）：60-71.

101. 马宁，孟卫东. 联合风险投资视角下风险资本与智力资本协同效应研究 [J]. 预测，2017，36（02）：30-36.

102. 马宁，严太华，姬新龙. 风险资本与智力资本协同条件分析与效应检验 [J]. 中国管理科学，2015，23（03）：24-31.

103. 马跃如，夏冰，白勇. 雇佣关系模式、智力资本对创新绩效的影响研究：基于民营企业调查样本的实证分析 [J]. 管理工程学报，2018，32（02）：84-94.

104. 梅婷，吴满琳. 企业动态能力理论述评 [J]. 改革与开放，2016（14）：13-15.

105. 米展. 金融发展对企业技术创新模式影响研究——基于中国高技术产业的实证分析 [J]. 审计与经济研究，2016，31（06）：112-120.

106. 倪自银. 面向顾客价值创造的市场智力资产基础 [J]. 经济管理，2006（22）：32-37.

107. 宁德保，李莹. 上市公司智力资本对财务绩效的影响研究——基于Public模型的实证分析 [J]. 山西财经大学学报，2007（11）：119-124.

108. 牛建国. 关于企业家精神测度的文献综述 [J]. 现代

管理科学, 2018 (09): 15-117.

109. 潘楚林, 田虹. 前瞻型环境战略对企业绿色创新绩效的影响研究——绿色智力资本与吸收能力的链式中介作用 [J]. 财经论丛, 2016 (07): 85-93.

110. 裴小兵, 何书垚, 高华. 基于未确知测度的高新企业智力资本评价研究 [J]. 科技管理研究, 2017, 37 (19): 64-70.

111. 彭茂祥, 李浩. 基于 TRIZ 理论与大数据的智能化技术创新模式研究 [J]. 科技进步与对策, 2017, 34 (07): 139-145.

112. 秦辉, 王瑜炜. 智力资本提升组织绩效了吗?——基于 Meta 分析的检验 [J]. 科学学与科学技术管理, 2014, 35 (03): 154-163.

113. 邱国栋, 朱宇. 智力资本的二分法——从资产和负债两个角度看待智力资本 [J]. 财经问题研究, 2003 (01): 70-72.

114. 冉秋红, 白春亮. 信息技术投资、智力资本动态变化与企业绩效——基于中国上市公司的经验证据 [J]. 科技管理研究, 2017, 37 (16): 229-235.

115. 冉秋红, 任重. 企业智力资本结构与自主创新绩效——运用 DEA 方法的实践验证 [J]. 科技进步与对策, 2012, 29 (12): 85-89.

116. 冉秋红, 周宁慧. 纵向兼任高管、机构投资者持股与智力资本价值创造 [J]. 软科学, 2018, 32 (12): 50-54.

117. 任慧, 和金生. 知识网络: 技术创新模式演化与发展趋势 [J]. 情报杂志, 2011, 30 (05): 104-107+94.

118. 任俊义. 企业智力资本对绩效影响的实证研究: 要素

结构视角 [J]. 烟台大学学报（哲学社会科学版），2011，24（04）：98-105.

119. 任晓明. 智力也将资本化？[N]. 太原日报，2017-04-17（003）.

120. 芮明杰，余东华. 西方产业组织理论中技术创新思想的演进与发展 [J]. 研究与发展管理，2006（04）：1-7+14.

121. 邵传林. 制度环境、产权性质与企业家创新精神——来自中国工业企业的经验证据 [J]. 证券市场导报，2015（03）：20-25+38.

122. 时乐乐，赵军. 环境规制、技术创新与产业结构升级 [J]. 科研管理，2018，39（01）：119-125.

123. 苏明. 智力资本的资本成本效应研究 [D]. 北京：首都经济贸易大学，2016.

124. 苏明. 智力资本影响企业的资本成本了吗 [J]. 山西财经大学学报，2016，38（05）：113-124.

125. 苏云霞，孙明贵. 国外动态能力理论研究梳理及展望 [J]. 经济问题探索，2012（10）：172-180.

126. 眭纪刚. 技术与制度的协同演化：理论与案例研究 [J]. 科学学研究，2013，31（07）：991-997.

127. 董洁林，李晶. 企业技术创新模式的形成及演化——基于华为、思科和朗讯模式的跨案例研究 [J]. 科学学与科学技术管理，2013，34（03）：3-12.

128. 孙芳桦，陈红儿. 智力资本及其对企业绩效影响机制述评 [J]. 东南亚纵横，2009（06）：92-95.

129. 孙慧琳，王晓灵. 关系资本与企业财务绩效的关系 [J]. 社会科学家，2014（09）：78-82.

130. 孙岚. Skandia 导航器——工业经济转向知识经济的财

务里程碑 [J]. 运筹与管理, 1999 (02): 120-124.

131. 孙立梅, 肖卉, 李晓娣. 区域金融发展对技术创新的作用 [J]. 科技管理研究, 2018, 38 (08): 18-26.

132. 孙善林, 彭灿. 动态环境下智力资本与企业绩效的关系研究——基于双元创新的视角 [J]. 科技管理研究, 2017, 37 (08): 1-8.

133. 孙羡. 智力资本驱动中小企业成长的有效性探讨 [J]. 经济纵横, 2012 (09): 52-54.

134. 孙歆, 王前. 企业智力资本与技术创新交互作用：一个研究综述 [J]. 现代管理科学, 2012 (11): 37-38+120.

135. 陶松. 浅析江泽民同志的技术创新思想 [J]. 毛泽东思想研究 2007, (04): 82-84.

136. 田颖, 田增瑞, 赵袁军. H-S-R 三维结构视角下众创空间智力资本协同创新对创客创新绩效的影响 [J]. 科技进步与对策, 2018, 35 (08): 15-23.

137. 万希. 智力资本对我国运营最佳公司贡献的实证分析 [J]. 南开管理评论, 2006 (03): 55-60.

138. 汪金龙, 常叶帆. 高科技上市公司高管人力资本与公司绩效的实证研究 [J]. 中国科技论坛, 2008 (06): 116-120.

139. 汪金燕, 李秦阳. 企业智力资本与企业绩效模型构建 [J]. 统计与决策, 2013 (05): 181-184.

140. 王朝晖, 刘嫦娥. 智力资本要素内部契合对探索式创新和利用式创新的影响 [J]. 科技进步与对策, 2017, 34 (11): 6-13.

141. 王朝晖, 罗新星. 人力资源管理实践、智力资本与利用式创新关系研究 [J]. 科技与经济, 2010, 23 (05): 79-82.

142. 王聪, 冯琰, 刘慧敏, 陈晨. 高新技术企业智力资本对资本结构的影响研究 [J]. 会计之友, 2017 (07): 26-30.

143. 王华, 庄学敏. 论智力资本与财务资本相融的企业经营管理 [J]. 厦门大学学报 (哲学社会科学版), 2004 (04): 117-121.

144. 王华, 庄学敏. 智力资本计量可行性方法的构建 [J]. 暨南学报 (人文科学与社会科学版), 2004 (04): 8-21+137.

145. 王俊. 跨国外包体系中的技术溢出与承接国技术创新 [J]. 中国社会科学, 2013 (09): 108-125+206-207.

146. 王曙, 程李梅. 成长型企业智力资本与绩效相关性研究 [J]. 科技管理研究, 2013, 33 (05): 220-222.

147. 王永贵, 李锐, 陶秋燕. 智力资本要素联动效应与双元创新能力提升 [J]. 经济与管理研究, 2016, 37 (03): 86-93.

148. 王智宁, 王念新, 吴金南. 知识共享与企业绩效: 智力资本的中介作用 [J]. 中国科技论坛, 2014 (02): 65-71.

149. 吴小蕾. 智力资本与民营企业绩效关系研究 [J]. 经济纵横, 2010 (07): 111-114.

150. 吴晓云, 代海岩. 智力资本要素之间的交互作用对知识型服务企业竞争力的影响——基于知识转化的中介效应 [J]. 研究与发展管理, 2016, 28 (03): 12-24.

151. 吴晓云, 杨岭才, 李辉. 智力资本的集约化战略: 技术领先与开放式创新 [J]. 科学学与科学技术管理, 2016, 37 (02): 172-180.

152. 武博, 闫帅. 知识型企业智力资本对知识创新绩效的影响研究——兼论组织学习能力的中介作用 [J]. 求索, 2011 (09): 84-86.

153. 武剑锋, 刘猛, 陈彦亮. 智力资本的网络属性及内部协同机制研究 [J]. 管理学刊, 2019 (01): 55-62.

154. 肖建华, 赵莹. 智力资本视角下创业企业创新竞争力关键影响要素研究 [J]. 科技进步与对策, 2018, 35 (03): 87-94.

155. 邢炜, 周孝. 国企改革与技术创新模式转变 [J]. 产业经济研究, 2016 (06): 22-33+45.

156. 徐爱萍, 柴光文, 周坤. 基于三维协同的智力资本绩效评价研究——64 所教育部直属高校科技智力资本数据的实证分析 [J]. 科技进步与对策, 2010, 27 (15): 141-145.

157. 徐承红, 朱俊杰, 王艳. 制度逻辑与新创企业技术创新模式: 往期绩效和介入时间的调节作用 [J]. 科技进步与对策, 2017, 34 (17): 91-98.

158. 徐程兴, 柯大钢. 关于智力资本价值计量方法的探讨 [J]. 南开管理评论, 2003 (05): 20-23+51.

159. 徐程兴. 企业智力资本财务价值计量模型探究 [J]. 科学学研究, 2004 (01): 82-87.

160. 徐萌娜, 王明琳, 王河森. 家族控制如何影响企业智力资本?——基于中国制造业民营上市公司的实证研究 [J]. 财经论丛, 2015 (04): 97-104.

161. 徐召红, 杨蕙馨. 智力资本与动态能力对高科技企业绩效的作用机理 [J]. 理论学刊, 2013 (02): 56-60.

162. 徐召红. 不同企业智力资本和动态能力的差异及管理——基于 296 份调查问卷的分析 [J]. 山东财经大学学报, 2018, 30 (01): 85-94.

163. 徐召红. 智力资本对企业绩效的作用机理研究: 一个有调节的中介模型 [J]. 东岳论丛, 2014, 35 (08): 170-175.

164. 许红胖, 毛晓曼. 智力资本、企业能力及财务绩效关系研究——以电力、蒸汽、热水的生产和供应产业为例 [J]. 东南大学学报 (哲学社会科学版), 2010, 12 (03): 67-73

+127.

165. 许庆瑞,李杨,吴画斌. 企业创新能力提升的路径——基于海尔集团1984—2017年的纵向案例研究 [J]. 科学学与科学技术管理, 2018, 39 (10): 68-81.

166. 闫春. 知识密集型企业智力资本管理 H-S-C-E 模型及实证研究 [J]. 科技管理研究, 2008 (05): 192-195.

167. 阎海峰,陈利萍,沈锦杰. 智力资本、吸收能力与组织创新关系研究 [J]. 研究与发展管理, 2009, 21 (05): 39-46.

168. 杨栋,江连敏. 智力资本研究的进展、困扰及前瞻 [J]. 财会月刊, 2019 (01): 62-66.

169. 杨慧军,杨建君. 领导风格、组织承诺与技术创新模式的关系研究 [J]. 科学学与科学技术管理, 2016, 37 (01): 152-161.

170. 杨蕙馨,徐召红. 智力资本、动态能力对企业绩效的作用研究——基于联想集团的案例分析 [J]. 华东经济管理, 2013, 27 (10): 1-6+185.

171. 杨建君,张峰,孙丰文. 企业内部信任与技术创新模式选择的关系 [J]. 科学学与科学技术管理, 2014, 35 (10): 94-104.

172. 杨武,田雪姣. 技术创新、市场化进程与企业兴衰 [J]. 科学学研究, 2018, 36 (09): 1686-1693.

173. 杨晓敏. 寿险业智力资本与经营绩效关系的实证分析 [J]. 统计与决策, 2018, 34 (24): 168-172.

174. 杨晓明,方丽,谷贤林. 大学智力资本、科技投入与科技创新绩效关系实证研究 [J]. 复旦教育论坛, 2009, 7 (06): 51-54.

175. 杨政,董必荣,施平. 智力资本信息披露困境评析

[J]．会计研究，2007（01）：15-22+92．

176．叶作义，吴文彬．企业研发投入的驱动因素分析——基于中国上市公司企业家精神角度［J］上海对外经贸大学学报，2018，25（02）：40-51+86．

177．游达明，杨晓辉，朱桂菊．多主体参与下企业技术创新模式动态选择研究［J］．中国管理科学，2015，23（03）：151-158．

178．余浪，李秉成，田丽媛．内部资本市场效率、财务危机传染与预警——基于政府层级与调节效应视角的分析［J］．山西财经大学学报，2018，40（10）：90-107．

179．余绪缨．智力资产与智力资本会计的几个理论问题［J］．经济学家，2004（04）：86-91．

180．俞仁智，何洁芳，刘志迎．基于组织层面的公司企业家精神与新产品创新绩效——环境不确定性的调节效应［J］．管理评论，2015，27（09）：85-94．

181．袁艺．两个关键概念的区分：智力资产与无形资产［J］．生产力研究，2004（08）：173-174．

182．翟瑞瑞，陈岩，姜鹏飞．多元技术创新模式与企业创新绩效——基于吸收能力中介机制的研究［J］．软科学，2016，30（02）：44-49．

183．翟瑞瑞，李宏兵，姜鹏飞．政府参与、吸收能力与技术创新模式组合的创新绩效［J］．系统工程，2017，35（10）：114-122．

184．詹国辉，李泽恺．智力资本外流对技术创新的影响效应探究［J］．科研管理，2018，39（06）：96-102．

185．詹小慧，杨东涛，栾贞增．企业生态系统中企业间的协同演化——基于价值观管理的视角［J］．科技管理研究，2016，36（15）：262-266．

186. 张东廷. 企业智力资本结构化相关问题分析——基于智力资本特征差异性与动态结构化的视角 [J]. 齐鲁珠坛, 2015 (04): 31-35.

187. 张慧颖, 吕爽. 智力资本、创新类型及产品创新绩效关系研究 [J]. 科学学与科学技术管理, 2014, 35 (02): 162-168.

188. 张林. 演化经济学的技术创新理论: 制度主义与熊彼特的综合 [J]. 学习与探索, 2015 (02): 102-107.

189. 张敏, 凡培培, 战徐磊. 基于扎根理论的企业家精神动态演化机理研究 [J]. 管理学刊, 2017, 30 (05): 47-62.

190. 张荣芳. 马克思技术创新思想研究的现状 [J]. 东南大学学报 (哲学社会科学版), 2008 (S1): 13-15.

191. 张炜, 袁晓璐. 技术企业创业智力资本与成长绩效实证研究 [J]. 科学学研究, 2008 (03): 584-588.

192. 张翔, 丁栋虹. 智力资本与创新绩效: 组织学习的中介作用 [J]. 重庆工商大学学报 (社会科学版), 2017, 34 (03): 61-70.

193. 张彦文. 马克思技术创新思想及其启示 [J]. 山东农业工程学院学报, 2017, 34 (01): 114-116.

194. 张永凯. 企业技术创新模式演化分析: 以苹果、三星和华为为例 [J]. 广东财经大学学报, 2018, 33 (02): 54-61+111.

195. 张玉喜, 赵耀辉. 科技型企业智力资本与创新类型的关系 [J]. 科技管理研究, 2017, 37 (03): 243-248.

196. 张韵君. 基于专利战略的企业技术创新模式研究 [J]. 经济问题, 2015 (05): 84-89.

197. 张璋, 徐经长, 汪猛. 技术创新与盈余价值相关性 [J]. 会计与经济研究, 2018, 32 (05): 3-17.

198. 张自卿，邵传林，裴志伟. 制度环境与企业家精神：一个文献综述 [J]. 商业经济研究，2015（07）：94-96.

199. 张宗益，韩海东. 行业间智力资本与企业绩效关系对比研究 [J]. 科技进步与对策，2011，28（16）：47-51.

200. 赵罡，陈武，王学军. 智力资本内涵及构成研究综述 [J]. 科技进步与对策，2009，26（04）：154-160.

201. 赵海林. 高科技行业的智力资本多重绩效研究 [J]. 财经理论与实践，2014，35（03）：130-134.

202. 赵芸，聂淑萍，黄解宇. 企业创新与企业生态系统的相互作用研究 [J]. 经济问题，2018（06）：70-74.

203. 郑春勇. 协同演化理论的研究进展 [J]. 经济界，2011（04）：88-92.

204. 郑玲. 技术创新对经济后果和环境效果的协同作用——以生态设计技术为例 [J]. 科技进步与对策，2013，30（13）：15-19.

205. 郑美群，吴燕. 基于智力资本的高技术企业绩效评价 [J]. 东北师大学报：哲学社会科学版，2004（04）：60-66.

206. 郑毅，高洁. 经理自主权对企业技术创新模式选择的影响研究——基于渐进式创新和突变式创新的视角 [J]. 世界科技研究与发展，2018，40（02）：202-215.

207. 周礼，谢薇薇. 智力资本与组织绩效：交互效应与传导路径 [J]. 科技管理研究，2019，39（01）：249-255.

208. 周睿. 智力资本影响了 β 系数么？[J]. 金融理论与实践，2017（06）：33-37.

209. 周淼，李柏洲. 企业智力资本与技术能力关系研究——基于工作控制和团队自省的调节作用 [J]. 科技进步与对策，2014，31（15）：95-99.

210. 朱思文，游达明. 开放式创新背景下企业知识资本与创新绩效实证研究 [J]. 湘潭大学学报（哲学社会科学版），2013，37（04）：72-76.

211. 朱瑜，王雁飞，蓝海林. 企业文化、智力资本与组织绩效关系研究 [J]. 科学学研究，2007（05）：952-958.

212. 朱瑜，王雁飞，蓝海林. 智力资本理论研究新进展 [J]. 外国经济与管理，2007（09）：50-56.

213. 祝志明，杨乃定，Sarlandie de La Robertie Catherine，高婧. 动态能力理论：源起、评述与研究展望 [J]. 科学学与科学技术管理，2008（09）：128-135.

214. 邹艳，张雪花. 企业智力资本与技术创新关系的实证研究——以吸收能力为调节变量 [J]. 软科学，2009，23（03）：71-75.

215. 曾铖，李元旭. 试论企业家精神驱动经济增长方式转变——基于我国省级面板数据的实证研究 [J]. 上海经济研究，2017（10），81-94.

216. 曾洁琼，张婷. 智力资本、会计信息质量和高技术企业绩效 [J]. 中南财经政法大学学报，2014（04）：97-102+150.

217. 曾洁琼. 企业智力资本计量问题研究 [J]. 中国工业经济，2006（03）：107-114.

218. 曾洁琼. 智力资本价值驱动因素的评估模型研究 [J]. 财经理论研究，2015（05）：105-112.

219. Aleksandra Grajkowska. Valuing intellectual capital of innovative start-ups [J]. Journal of Intellectual Capital. 2011, 12 (2): 179-201.

220. Angelo Ditillo. Intellectual Capital – Navigating in the New

Business Landscaple [J]. Business Process Managent Journal, 1998, 4 (1): 85 - 88.

221. Cavicchi Caterina, Vagnoni Emidia. Does intellectual capital promote the shift of healthcare organizations towards sustainable development? Evidence from Italy. Journal of Cleaner Production. 2017, 153 (1): 275 - 286.

222. Cesare Rossi, Livio Cricelli, Michele Grimaldi, Marco Greco. The strategic assessment of intellectual capital assets: An application within Terradue Srl [J]. Journal of Business Research. 2016, 69 (5): 1598 - 1603.

223. Daniel Zéghal, Anis Maaloul. Analysing value added as an indicator of intellectual capital and its consequences on company performance [J]. Journal of Intellectual Capital. 2010, 11 (1): 39 - 60.

224. Dimitrios Maditinos, Dimitrios Chatzoudes, Charalampos Tsairidis, Georgios Theriou. The impact of intellectual capital on firms' market value and financial performance [J]. Journal of Intellectual Capital. 2011, 12 (1): 132 - 151.

225. Eugene F. Fama, Kenneth R. French. A Five - Factor Asset Pricing Model [J]. Journal of Financial Economics. 2015, 116 (1): 1 - 22.

226. Elena Shakina, Angel Barajas. Value creation through intellectual capital in developed European markets [J]. Journal of Economic Studies. 2014, 41 (2): 272 - 291.

227. Faycz Abdulsalam, Hameed Al - Qaheri, Ridha Al - Khayyat. The Intellectual Capital Performance of Kuwaiti Banks: An Application of VAICTM1 Model [J]. IBusiness. 2011, 3 (1):

88 – 96.

228. Gianpaolo Iazzolino, Domenico Laise. Value added intellectual coefficient (VAIC): A methodological and critical review [J]. Journal of Intellectual Capital. 2013, 14 (4): 547 – 563.

229. Gregorio Martín – de CastroAuthor Vitae. Knowledge management and innovation in knowledge – based and high – tech industrial markets: The role of openness and absorptive capacity [J]. Industrial Marketing Management. 2015, 47: 143 – 146.

230. Hao Jiao, Ilan Alon, Chun Kwong Koo, Yu Cui. When should organizational change be implemented? The moderating effect of environmental dynamism between dynamic capabilities and new venture performance [J]. Journal of Engineering and Technology Management. 2013, 30 (2): 188 – 205.

231. Herzog, Philipp, Leker, jens. Open and closed innovation different innovationcultures for different strategies. P Herzog. International Journal of Technology Management. 2010, 52 (3 – 4): 322 – 343.

232. Hsiung Hsing – Hwa, Wang Juo – Lien. Value Creation Potential of Intellectual Capital in The Digital Content Industry [J]. Investment Management & Financial Innovations. 2012, 9 (2): 81 – 90.

233. Isabela Moroni, Amilton Arruda, Kátia Araujo. The Design and Technological Innovation: How to Understand the Growth of Startups Companies in Competitive Business Environment [J]. Procedia Manufacturing. 2015, 3: 2199 – 2204.

234. I – Chieh Hsu, Rajiv Sabherwal. Relationship between Intellectual Capital and Knowledge Management: An Empirical Investi-

gation [J]. Decision Sciences. 2012, 43 (3): 489 – 524.

235. JinChen, Xiaoting Zhao, Yuandi Wang. A new measurement of intellectual capital and its impact on innovation performance in an open innovation paradigm. International Journal of Technology Management. 2015, 67 (1): 1 – 25.

236. Kehelwalatenna, Sampath, Premaratne, Gamini. An Empirical Investigation into the Behavior of Intellectual Capital [J]. IUP Journal of Knowledge Management. 2013, 11 (1): 38 – 57.

237. Konstantinos Kostopoulos, Alexandros Papalexandris, Margarita Papachroni, George Ioannou. Absorptive capacity, innovation, and financial performance [J]. Journal of Business Research. 2010, 64 (12): 1335 – 1343.

238. Kuang – Peng Hung, Christine Chou. The impact of open innovation on firm performance: The moderating effects of internal R&D and environmental turbulence [J]. Technovation. 2013, 33 (10 – 1): 368 – 380.

239. Kuo – An Tseng, Yu – Wen Lan, Hao – Chun Lu, Pin – Yu Chen. Mediation of strategy on intellectual capital and performance [J]. Management Decision. 2013, 51 (7): 1488 – 1509.

240. Li Chang Hsu, Chao Hung Wang. Clarifying the Effect of Intellectual Capital on Performance: The Mediating Role of Dynamic Capability. British Journal of Management. 2012, 23 (2): 179 – 205.

241. LIU C – H. The relationships among intellectual capital, social capital, and performance: the moderating role of business ties and environmental uncertainty [J]. Tourism Manggement. 2017, 61: 553 – 561.

242. Maditinos, Dimitrios, Sevic, Zeljko, Tsairidis, Charalam-

pos. Intellectual Capital and Business Performance: An Empirical Study for the Greek Listed Companies. European Research Studies. 2010, 13 (3): 145 – 167.

243. Mahesh Joshi, Daryll Cahill, Jasvinder Sidhu, Monika Kansal. Intellectual capital and financial performance: an evaluation of the Australian financial sector [J]. Journal of Intellectual Capital. 2013, 14 (2): 264 – 285.

244. Martin Clarke, Dyna Seng, Rosalind Healther. Whiting. Intellectual capital and firm performance in Australia [J]. Journal of Intellectual Capital. 2011, 12 (4): 505 – 530.

245. Marco Greco, Livio Cricelli, Michele Grimaldi. A strategic management framework of tangible and intangible assets [J]. European Management Journal EuropeaN Management Journal. 2013, 31 (1): 55 – 66.

246. Mehri Mahammadghorban, Umar MS, Saeidi P. Intellectual Capital and Firm Performance of High Intangible Intensive Industries: Malaysia Evidence. Asian Social Science. 2013, 9 (9): 146 – 155.

247. Michele Grimaldi, Livio. Cricelli, Francesco, Rogo. A methodology to assess value creation in communities of innovation [J]. Journal of Intellectual Capital. 2012, 13 (3): 305 – 330.

248. Maryam Jameelah Hashim, Idris Osman Syed Musa Alhabshi. A Effect of Intellectual Capital on Organizational Performance [J]. Procedia – Social and Behavioral Sciences. 2015, 211: 207 – 214.

249. Mahesh Joshi, Daryll Cahill, Jasvinder Sidhu. Intellectual capital perfor – mance in the banking sector: An assessment of Aus –

tralian owned banks. Journal of Human Resource Costing & Accounting. 2010, 14 (2): 151 – 170.

250. Meng – Yuh Cheng, Jer – Yan Lin, Tzy – Yih Hsiao, Thomas W. Lin. Invested resource, competitive intellectual capital, and corporate performance [J]. Journal of Intellectual Capital. 2010, 11 (4): 433 – 450.

251. M. Carmen Díaz – Fernández, M. Rosario González – Rodríguez, Biagio Simonetti. Top management team's intellectual capital and firm performance [J]. European Management Journal. 2015, 33 (5): 322 – 331.

252. Nixon Kamukama, Augustine Ahiauzu, Joseph M. Ntayi. Intellectual capital and performance: testing interaction effects [J]. Journal of Intellectual Capital. 2010, 11 (4): 554 – 574.

253. Nick Bontis, William Chua Chong Keow, Stanley Richardson. Intellectual Capital and business performance in Malaysian industries. 2000, 1 (1): 85 – 100.

254. Nixon Kamukama. Intellectual capital: company's invisible source of competitive advantage [J]. Competitiveness Review: An International Business Journal incorporating Journal of Global Competitiveness. 2013, 23 (3): 260 – 283.

255. Nuryaman. The Influence of Intellectual Capital on The Firm's Value with The Financial Performance as Intervening Variable [J]. Procedia – Social and Behavioral Sciences. 2015, 211 (25): 292 – 298.

256. Orestes Vlismas, George Venieris. Towards an ontology for the intellectual capital domain [J]. Journal of Intellectual Capital. 2011, 12 (1): 75 – 110.

257. Pirjo Sthle, Sten Sthle, Samuli MarkkoAho. Value Added Intellectual Coefficient (VAIC): a critical analysis [J]. Journal of Intellectual Capital. 2011, 12 (4): 531 -551.

258. Rossi F D Celenza. The Relationship between Intellectual Capital (IC) and Stock Market Performance: Empirical Evidence from Italy [J]. Journal of Modern Accounting and Auditing. 2012 (11): 1729 -1741.

259. Seleim Ahmed, Bontis Nick. National intellectual capital and economic performance: empirical evidence from developing countries. Knowledge & Process Management. 2013, 20 (3): 131 - 140.

260. Sharon Belenzon, Andrea Patacconi. Innovation and firm value: An investigation of the changing role of patents, 1985 - 2007 [J]. Research Policy. 2013, 42 (8): 1496 -1510.

261. Usama Al - Mulali, Ilhan Ozturk, Hooi Hooi Lean. The influence of economic growth, urbanization, trade openness, financial development, and renewable energy on pollution in Europe [J]. Natural Hazards. 2015, 79 (1) 621 -644.

262. Vivien Beattie, Sarah Jane Smith. Value creation and business models: Refocusing the intellectual capital debate [J]. The British Accounting Review. 2013, 45 (4): 243 -254.

263. Vijaya Murthy, Jan Mouritsen. The performance of intellectual capital: Mobilising relationships between intellectual and financial capital in a bank [J]. Accounting, Auditing & Accountability Journal. 2011, 24 (5): 622 -646.

264. William S Chang, Jasper J Hsieh. Intellectual Capital and Value Creation - Is Innovation Capital a Missing Link?. International

Journal of Business and Management. 2011, 6 (2): 3 - 12.

265. Xin Zhao, Bowen Sun. The influence of Chinese environmental regulation on corporation innovation and competitiveness [J]. Journal of Cleaner Production. 2016, 112 (2): 1528 - 1536.

266. Xu X, Yang X N, Zhang L. Examining the relationship between intellectual capital and performance of listed environmental protection companies. Environmental Progress & Sustainable Energy. 2017, 36 (4): 1056 - 1066.

267. Ya - Hui Ling. The influence of intellectual capital on organizational performance—Knowledge management as moderator [J]. Asia Pacific Journal of Management. 2013, 30 (3): 937 - 964.

268. Zhining Wang, Nianxin Wang, Huigang Liang. Knowledge sharing, intellectual capital and firm performance [J]. Management Decision. 2014, 52 (2): 230 - 258.

269. Zhongfeng Su, Jisheng Peng, Hao Shen, Ting Xiao Technological Capability, Marketing Capability, and Firm Performance in Turbulent Conditions [J]. Management and Organization Review. 2013, 9 (1): 115 - 137.